U0042052

世界一わかりやすい 爲替の本

No.1
エコノミスト
が書いた

從

「匯率」

看經濟

看懂股匯市與國際連動，學會投資理財。

瑞穗證券首席市場經濟學家

上野 泰也 UENO Yasunari —— 編著

譯 —— 翁碧惠

NO.1 ECONOMIST GA KAITA SEKAIICHI WAKARIYASUI KAWASE NO HON

by Yasunari Ueno

Copyright © 2018 Yasunari Ueno

Original Japanese edition published by KANKI PUBLISHING INC.

All rights reserved

Chinese (in Complicated character only) translation copyright © 2024 by EcoTrend Publications, a division of Cité Publishing Ltd.

Published by arrangement with KANKI PUBLISHING INC. through Bardon-Chinese Media Agency, Taipei.

經濟趨勢 75

從「匯率」看經濟

看懂股匯市與國際連動，學會投資理財

編 著 者	上野泰也
譯　　　者	翁碧惠
責 任 編 輯	林博華
行 銷 業 務	劉順眾、顏宏紋、李君宜
發 行 人	涂玉雲
總 編 輯	林博華
出　　　版	經濟新潮社
	104台北市民生東路二段141號5樓
	電話：(02)2500-7696　傳真：(02)2500-1955
	經濟新潮社部落格：http://ecocite.pixnet.net
發　　　行	英屬蓋曼群島商家庭傳媒股份有限公司城邦分公司
	台北市中山區民生東路二段141號11樓
	客服服務專線：02-25007718；25007719
	24小時傳真專線：02-25001990；25001991
	服務時間：週一至週五上午09:30-12:00；下午13:30-17:00
	劃撥帳號：19863813；戶名：書虫股份有限公司
	讀者服務信箱：service@readingclub.com.tw
香港發行所	城邦（香港）出版集團有限公司
	香港九龍九龍城土瓜灣道86號順聯工業大廈6樓A室
	電話：852-2508 6231　傳真：852-2578 9337
	E-mail: hkcite@biznetvigator.com
馬新發行所	城邦（馬新）出版集團Cite(M) Sdn. Bhd. (458372 U)
	41, Jalan Radin Anum, Bandar Baru Sri Petaling,
	57000 Kuala Lumpur, Malaysia.
	電話：(603) 90563833　傳真：(603) 90576622
	E-mail: services@cite.my
印　　　刷	漾格科技股份有限公司
初 版 一 刷	2024年1月25日

城邦讀書花園
www.cite.com.tw

ISBN：978-626-7195-58-1、978-626-7195-59-8（EPUB）　　版權所有‧翻印必究

定價：450元

專業推薦

「台灣是小型開放經濟，每個人都該懂點匯率。這本書是絕佳的參考書。」

——林建甫，台大經濟系名譽教授

「縱然無法完美預測匯率，但本書引領讀者透視外匯市場，了解運作並掌握趨勢」

——謝劍平，台灣科技大學財務金融研究所教授

「對於投資人來說，搞懂「利率」，再弄清楚「匯率」，便擁有攻堅投資的最佳利器。」

——劉奕成，CFA協會台灣分會理事長

「簡單易懂的匯率知識基礎入門書。」

——許繼元 Mr. Market市場先生，財經作家

自序

　　大約 30 年前，外匯、債券和股票等等的金融市場，總是給人一種只有少數人可以參與、非常特殊而且帶有一點神祕色彩的印象。

　　那時候的筆者，剛從國家公務機構離職，轉而進入一家大型商業銀行擔任外匯交易員。外匯交易員顧名思義，就是每天買賣日圓、美元等外幣以獲取收益的工作。當時筆者的朋友們都感到十分驚訝，說「您竟然去做那種像賭博一樣危險的工作」。主要還是因為「外匯」一詞，在當時還不是那麼為人所熟悉。

　　然而時到今日，外匯儼然已成了每個人日常生活或多或少、直接或間接不可或缺的存在。

　　例如，當匯率遇到比較大的波動時，精品店的進口商品價格可能因此漲價、或降價。人們也可能馬上意識到此時如果出國旅行，是否可以買到便宜貨。

　　我們日常生活中許多在店裡所採購的生活用品和加工食品，大多數的原料或商品也是從國外進口而來。原料和商品的價格自然會受到匯率波動的影響，當然也就會影響到整體的物價。

　　近年來，我們周圍開始投資外幣和操作外匯交易的人好像慢慢變多了。這些投資的損益當然也都受到匯率波動極大的影響。

此外，對許多企業而言，匯率的波動絕對是一項非常重要的課題。現今的商業活動已經是跨越國界的全球化經營模式，各國的產品和服務在世界各地無處不交流，當然其中也涉及彼此貨款的收受與支付，這時候匯率就成了其中的關鍵。

我們也可以說，匯率與經濟的關係就是這麼密不可分。

然而，即使報紙、雜誌或是網路經常會出現諸如「日本汽車製造商因日圓升值，遭受巨大損失」、「日圓貶值導致油價大幅上漲」等報導，似乎還是有許多人不明白為什麼匯率跟經濟會有那麼大的關聯。

所以，本書希望以最淺白易懂的方式，細細解說各種有關外匯的專有名詞，並儘量結合身邊的具體例子，希望可以引導讀者們走入以「匯兌」為主的外匯市場的世界，用更容易了解的條理式分析，針對各種可能影響匯率世界的因素進行解說。

本書於 2009 年首次發行之後，世界發生了許多令人意外的變化，例如 2016 年川普（Donald Trump）在美國總統大選的逆轉勝，以及英國的公民投票決定退出歐盟（EU）等等，都是令許多人感到震驚的意外變化。

儘管世界發生了許多令人意想不到的改變，但經濟的全球化腳步並未因此而停止，匯率是解讀世界經濟趨勢的重要關鍵，仍然沒有改變。

筆者也期盼透過這本書（修訂版）的內容更新，加入最新的資訊，可以讓讀者們更加了解外匯的世界，對於日本和世界經濟的動

向能夠洞察先機、清楚掌握。

或許許多讀者們以往並不太關心的世界政治、經濟新聞，從此也可以成為別具意義的寶貴資訊來源。

希望您的世界因這本書而變得更加寬廣，也能以更開闊的視野面對日常的工作和資產的投資配置。

但是，匯率的世界裡，是否真的有人能夠完美預測市場行情？根據筆者的實際經驗，答案是：沒有。就像2008年9月的「雷曼兄弟破產所引發的金融危機」一樣，金融市場的世界，總是有一些無法預測的事件在發生。外匯市場活躍於全球的舞台，故事永遠沒有結束，也永不會令人厭倦。

話不多說，就讓我們開始進入匯率的世界吧！

2018年4月　　　　　　　　　　　　　　　　上野　泰也

※本書Part 1至6由河合起季執筆，上野泰也監修。Part 7由上野泰也撰寫。

目次

Part 1　匯兌交易就在你我的生活之中

Part 2 解讀外匯交易的基礎知識

Part 3 剖析經濟影響匯率波動的基本機制

Part 5 影響外匯匯率的參與者們

Part 6 美元之外的其他貨幣實力如何？

Part 7 外匯市場的波動法則及解讀與思考方式

• 本書的日文原文當中，「為替相場」（Kawase Sōba，中文譯文：匯兌匯率）
與「為替レート」（Kawase Rēto，中文譯文：匯兌匯率），意思相同。

Part 1

匯兌交易就在
你我的生活之中

1.1

匯兌交易到底是什麼？

所謂匯兌交易，可說是一種既方便又安全的非現金支付方式，可分為國內匯兌／兌付，和國外匯兌。

▲ 得利於匯兌交易，不帶現金出門也能結清帳款

所謂「匯兌交易」，並不是指金錢的直接交付，而是指透過銀行等金融機構的金錢支付與收受。例如，當你在拍賣網站順利得標時，正常流程應該是藉由銀行等金融機構將款項支付給賣家，這就是所謂的匯兌交易。同樣地，電費、水費等公共費用的銀行扣款也是匯兌交易的一種形式。**不知不覺之間，匯兌交易早已成為我們日常生活的一部分。**

對於個人而言，交易的金額可能都不大，但是對於公司行號之間的往來，可能就是不小的金額，攜帶現金出門付款，不但極為危險而且耗時。所以為了避免這些風險和時間上的浪費，很久以前的人便想出了「匯兌」這種方便的機制，並且沿用至今。

國內匯兌／兌付的支付流程

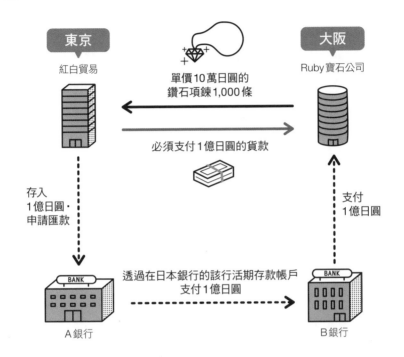

此外，匯兌又可分為國內本國貨幣交易的「國內匯兌／兌付」（Domestic Exchange），和與國外的「國外匯兌」（Foreign Exchange）兩種類型。以下我們就以公司之間的交易為例，說明這兩種交易的基本機制。

▲ 國內匯兌／兌付的機制

如上圖所示，東京的紅白貿易從大阪的Ruby寶石公司購入1,000條，單價10萬日圓的鑽石項鍊。此項交易，紅白貿易必須支付給

Ruby公司的價金為1億日圓。因此，紅白貿易將1億日圓存入該公司往來的A銀行，並要求將這筆款項轉入Ruby公司所指定的B銀行。

雖說請銀行支付該筆款項，但並不意味著A銀行會將1億日圓裝入行李箱運送給B銀行，而是，A銀行與B銀行之間的帳戶移轉。因為，日本國內所有的金融機構在日本的中央銀行（日本銀行，簡稱日銀）皆設有自己的帳戶（即活期存款帳戶），所以，資金的移動也僅是資金由A銀行開立在日銀的帳戶移轉至B銀行開立在日銀的帳戶，如此而已。

之後，收到1億日圓的B銀行再將這筆款項轉入Ruby公司在B銀行的帳戶，Ruby公司就會收到該1億日圓的入帳。這就是所謂的「國內本國貨幣的匯兌」運作機制。

▲ 國外匯兌的機制

近年來，每每提到匯兌，通常指的大多是「國外匯兌」。如下圖所示，東京的紅白貿易從紐約的Star公司進口1,000個，單價1,000美元的名牌皮包，並應支付100萬美元的貨款。因此，紅白貿易便於往來的A銀行存入相當於100萬美元的日圓金額，並要求將此款項轉入Star公司在美國的Y銀行帳戶。此時，假設日圓與美元的匯率為1美元＝100日圓，則支付100萬美元所需的金額為：

$$100日圓（＝1美元）×100萬美元＝1億日圓$$

受到委託的A銀行將所收到的1億日圓兌換為100萬美元，並匯

國外匯兌的支付流程

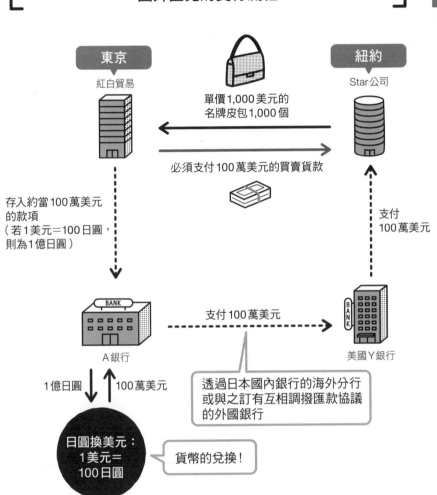

東京
紅白貿易

紐約
Star公司

單價1,000美元的
名牌皮包1,000個

必須支付100萬美元的買賣貨款

存入約當100萬美元
的款項
（若1美元＝100日圓，
則為1億日圓）

支付
100萬美元

BANK
A銀行

支付100萬美元

美國Y銀行

1億日圓　100萬美元

透過日本國內銀行的海外分行
或與之訂有互相調撥匯款協議
的外國銀行

日圓換美元：
1美元＝
100日圓

貨幣的兌換！

入美國的Y銀行。此時的Y銀行收到100萬美元後，再移轉至自家

銀行的Star公司帳戶。

我們可以看到，此次匯款交易並沒有實質的現金交付，而是藉由

國內銀行的海外分行或與該國內銀行訂有互相調撥匯款協議的外國銀行，利用彼此之間的存款帳戶進行資金的移轉，這就是「國外匯兌」的運作機制。

　由上述的例子，可以知道國外匯兌的基本機制與國內匯兌，基本上並無差異。只是，國外匯兌的付款地在國外，**因此必須先經過日圓兌換美元等的「貨幣兌換」作業。這是國外匯兌與國內匯兌最大不同之處。**

　「國外匯兌」這個名詞乍聽之下可能會覺得很難，但事實上並不難，看懂其中的道理就很簡單了。

1.2
外匯的基礎是美元兌日圓匯率

美國一直以來都是日本最大的出口國[1]，貿易往來的結算貨幣也都以美元為主。美元和日圓的換算匯率當然也就相形重要。

▲ 貿易往來，貨幣的兌換不可避免

當您帶著日圓前往紐約或巴黎，我們都知道是無法在當地的一般商店消費。想當然耳，在日本使用的是日圓，在美國使用的是美元，而歐洲許多國家使用的是歐元。那是因為每個國家、經濟共同區域皆有屬於他們自己的專有貨幣。

正因如此，與外國之間貿易往來的相關帳款結算，就必須將本國貨幣轉換為外國貨幣，或是將外國貨幣兌換為本國貨幣。

例如，進口美國產品的日本公司通常會以美元支付貨款。同樣地，把產品賣到美國的日本公司如果收到以美元支付的貨款時，在

---

1 根據「日本貿易振興機構」（JETRO）統計，日本近年來最大出口國變化如下：1995～2008：美國；2008～2012：中國；2013～2017：美國；2018：中國；2019：美國；2019～2022：中國。

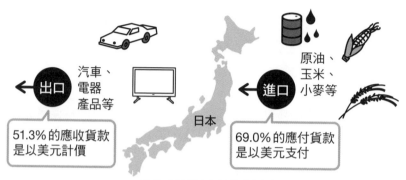

日本貿易往來最主要的結算貨幣是美元

出口　汽車、電器產品等

51.3% 的應收貨款是以美元計價

日本

進口　原油、玉米、小麥等

69.0% 的應付貨款是以美元支付

出處：日本財務省「貿易交易貨幣別比率」（2017年上半年統計）

日本則需要轉換為日圓才能在日本國內使用。

根據上述的情況，這兩種需要交換的貨幣，到底應該以多少換多少，就成了貨幣兌換中最需要面對的課題。這種不同貨幣之間的兌換比率，我們就稱之為「國外匯兌匯率」（Foreign Exchange Rate），也就是匯率（Exchange Rate）。

我們知道，日本的汽車和電器產品，一向深受海外人士所喜愛，也一直是日本出口的大宗。其中，美國就是日本最大的出口市場，日本的經濟也因為與美國之間長久以來密切的貿易關係而大幅成長。**因此，對日本來說，美元是最熟悉、貿易往來中最不可或缺的外幣。**

正如上圖所示，日本約有50%的出口是收取美元，而進口商品中以美元支付的比率則高達70%左右。除了與美國之間的貿易往來之

外，日本與其他亞洲國家之間的貿易，通常也是使用美元結算。因此，日本的外匯市場，最受矚目的匯率即為美元和日圓的兌換比率，也就是「美元兌日圓匯率」。

「東京外匯市場，目前日圓兌換美元匯率為 1 美元＝ 101.35 日圓，與前一日收盤價相比貶值 50 分，市場呈現日圓升值、美元貶值走勢。」

日常生活中，經常可以聽到類似上述的新聞，然而，所報導的主要匯率通常不是歐元兌換日圓、或是英鎊兌換日圓，而是美元兌換日圓的匯率，**這是因為日本的外匯市場，關注美元兌日圓匯率的人實在太多了。**

事實也是如此，美元應該是目前全世界最受信任、也是最廣泛用於貿易結算的貨幣。

1.3
日圓升值與貶值的意義

相對於美元，日圓的價值上升就稱為「日圓升值・美元貶值」，反之，日圓的價值下跌，則稱為「日圓貶值・美元升值」。

▲「日圓是升了？還是跌了？」

當我們看到電視的財經新聞或報紙出現「日圓升值」（日原文：円高）和「日圓貶值」（日原文：円安）這兩個名詞時，你是否真正理解這些名詞的意思呢？現在就讓我們來看看以下有關匯率變化的例子，是屬於「日圓升值」還是「日圓貶值」呢？

1美元＝100日圓→1美元＝80日圓

如果僅看上面的數字，您可能會認為「1美元＝100日圓下跌到80日圓，所以應該是日圓貶值」，但是，事實上答案是「日圓升值」。明明就是數字下降了，為何就成了「日圓升值」呢？這是否讓你感到困惑？但是如果了解其中的機制，應該就會「恍然大悟」了。

日圓升值？日圓貶值？是怎麼回事？

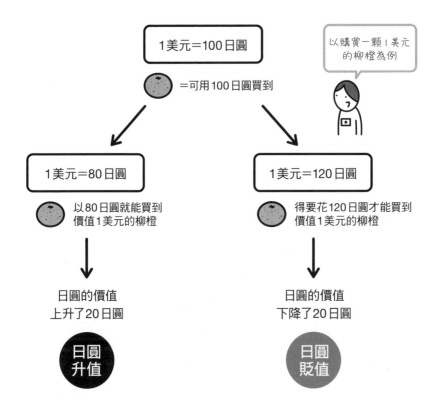

我們以此圖的例子為例，假設我們要以日圓來購買每顆價格1美元的美國柳橙。

當匯率為1美元＝100日圓時，購買一顆1美元的柳橙當然就需要100日圓。如果匯率發生了波動，1美元＝80日圓，此時柳橙的購買價格只要80日圓就行了。

同樣一顆1美元的柳橙，就這樣便宜了20日圓，換言之，對於美元而言日圓的價值提高了，也就是以價值的角度來看「**日圓的價值**

升高了」，因此稱為「日圓升值」。

相反地，如果匯率變成 1 美元＝120 日圓，那麼同樣一顆 1 美元的柳橙，就需要支付 120 日圓才能買到。這代表柳橙價格貴了 20 日圓，同時也意味著對於美元而言，日圓的價值下降了。以價值的角度來看「日圓的價值貶值了」，因此稱為「日圓貶值」。

▲ 如果以日圓為基準來看，就簡單明瞭多了

假如能夠了解其中的道理應該就很簡單，但是，還是有人覺得「日圓升值」和「日圓貶值」很複雜難懂。

為什麼會覺得難以理解呢？原因應該在於我們常以「1 美元＝100 日圓」的角度看匯率。

如果反過來「1 日圓等於多少美元」，也就是說「1 日圓可以兌換多少美元」的角度，那又會如何呢？

例如，以上述的例子來看，1 美元＝100 日圓、或是 80 日圓、或是 120 日圓，如果反過來看，則會呈現以下數字：

當 1 美元＝100 日圓，相當於：1 日圓＝0.01 美元
那麼，
當 1 美元＝80 日圓，則為：1 日圓＝0.0125 美元
當 1 美元＝120 日圓，則為：1 日圓≒0.0083 美元

如果 1 美元從 100 日圓變為 80 日圓，那麼 1 日圓的價值將從 0.01 美元上升到 0.0125 美元。也就是說，日圓的價值上漲了，同樣的 1 日圓因此可以兌換更多的美元，所以是「日圓升值」。

日圓升值、日圓貶值的判斷方法

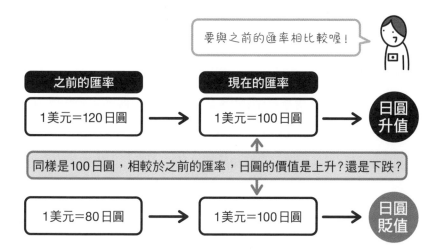

要與之前的匯率相比較喔！

之前的匯率　　　　　現在的匯率

1美元=120日圓　→　1美元=100日圓　→　日圓升值

同樣是100日圓，相較於之前的匯率，日圓的價值是上升？還是下跌？

1美元=80日圓　→　1美元=100日圓　→　日圓貶值

　　相反地，如果1美元從100日圓變為120日圓，那麼1日圓的價值將從0.01美元下跌至0.0083美元。也就是說，日圓的價值下跌了，同樣的1日圓只能兌換到比較少的美元，所以是「日圓貶值」。如此解說應該就更容易了解了。

▲ 應該以特定時點為基準，來看日圓的價值變化

　　外匯市場每天都在變動，日圓的升值、貶值不斷地反覆出現。換言之，美元和日圓之間存在著以下的關係：

- 日圓價值上升→美元價值下跌（日圓升值‧美元貶值）
- 日圓價值下跌→美元價值上升（日圓貶值‧美元升值）

就像是一個翹翹板，當一方上升時，另一方必定下降。但是，什麼價位是「日圓升值」，什麼價位是「日圓貶值」，並沒有一個明確的數字，而是，相較於某一時點，比較日圓的價值是升了還是降了。

如同上面圖表，當1美元兌換120日圓的匯率變為100日圓，我們稱之為「日圓升值」。而如果1美元兌換80日圓的匯率變為100日圓，則稱之為「日圓貶值」。同樣的1美元兌換100日圓，到底是日圓升值還是日圓貶值，是取決於與之前的匯率互相比較而定。

1.4

日圓升貶對消費者有什麼影響？

當日圓升值時，可以用更便宜的價格出國旅行，進口商品的價格也會降價。一般而言，對消費者而言，日圓升值比日圓貶值更有利。

▲ 日圓升值是出國旅遊的好機會

了解了「日圓升值、日圓貶值」的內涵之後，接下來可以想想匯率的升貶對於我們每個人到底有何影響？

首先，人們最關心的可能是國外旅行。

舉例來說，假設你有 5,000 美元的預算前往美國旅行。那麼，購買 5,000 美元現金或旅行支票所需的金額如下：

當 1 美元＝ 100 日圓時：100 日圓 × 5,000 美元＝ 50 萬日圓
當 1 美元＝ 80 日圓時：80 日圓 × 5,000 美元＝ 40 萬日圓

假設美元兌換日圓匯率，計畫旅行時是 1 美元＝ 100 日圓，但即將出發前，匯率變成了 1 美元＝ 80 日圓，這個差額就高達 10 萬日圓！這正是所謂的「日圓升值的恩賜」。**對於喜愛出國旅遊的人來**

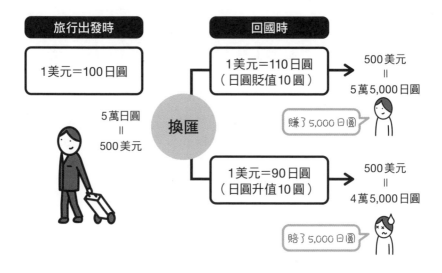

美國旅行歸國後，剩餘的500美元換回日圓的損益是？

旅行出發時

1美元＝100日圓

5萬日圓
＝
500美元

回國時

換匯

1美元＝110日圓
（日圓貶值10圓）

500美元
＝
5萬5,000日圓

賺了5,000日圓

1美元＝90日圓
（日圓升值10圓）

500美元
＝
4萬5,000日圓

賠了5,000日圓

說，日圓升值絕對是一個不能錯過的好機會。

此時的海外購物，也是如上一節所述，同樣的商品相較於以前的價格也會變得更便宜，更好下手。

2009年上半年，由於日圓的急速升值、韓圜貶值，於是電視和雜誌都在介紹「現在就走！韓國超值旅遊！」、「名牌精品購物，韓國就是好去處！」，紛紛打出以購物為目的的韓國之旅。

此外，從國外旅遊回國後，如果要將手上剩餘的外幣換回日圓，這時是否會造成匯兌的損益，那就取決於兌換時的匯率了。

如上圖所示，當你前往美國旅行時的匯率為1美元＝100日圓。回國後還剩500美元，此時日本國內的匯率卻變成了1美元＝90日圓，如果將帶回的美元換回日圓，此時所得金額就是4萬5,000日

圓，損失了 5,000 日圓。

相反地，如果匯率變成了 1 美元＝ 110 日圓，那麼換回的日圓金額就是 5 萬 5,000 日圓，賺了 5,000 日圓（以上皆不考慮匯兌手續費）。

也許各位讀者，有人曾經在日圓升值時，將外幣換回日圓而造成了損失。那是因為過去的 10 年之間（2016 年為止），美元兌換日圓匯率的平均波動幅度（即最高值與最低值之間的差額）每年約為 16.70 日圓左右，所以兌換時間的選擇也相當重要。

▲ 日圓升值，進口商品價格產生降價效應

接下來，我們談談生活中人們最關心的物價（商品價格）。

如圖所示，當 1 美元＝ 100 日圓時，一張價值 1,000 美元的美國製沙發原本售價為 10 萬日圓，但如果日圓升值到 1 美元＝ 80 日圓，此時這張沙發就只要 8 萬日圓就可以買到。便宜了 20%，簡直是太划算了。

相反地，如果 1 美元＝ 120 日圓，日圓貶值，此時這張沙發的價格則可能上漲 20%，需要 12 萬日圓才能買到。

如此看來，**隨著日圓的升值，進口品的價格可能降價，消費者便可用較低的價格購買；反之，如果日圓貶值，則可能造成進口品價格的上漲。**

日圓升值時，我們常常可以看到百貨公司、超市等各類商店會出現「日圓升值回饋大特賣」的活動，此時消費者就有機會，能以較

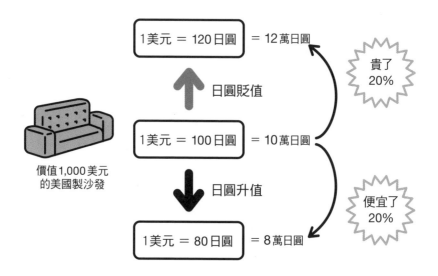

日圓的升貶與美國製沙發價格的變化

1 美元 ＝ 120 日圓　＝ 12 萬日圓

日圓貶值

1 美元 ＝ 100 日圓　＝ 10 萬日圓

日圓升值

1 美元 ＝ 80 日圓　＝ 8 萬日圓

貴了
20%

便宜了
20%

價值 1,000 美元
的美國製沙發

低的價格買到昂貴的名牌精品或高級進口食材。

　　如上述的例子，由於日圓升值而導致的進口商品的降價，很有可
能也會影響日本的整體物價。例如當進口品因降價而大受歡迎，同
一類型的國內商品就可能變得難以銷售出去，因此也被迫跟著降
價。

　　還有，時常作為商品原料的石油、橡膠、鐵礦砂、玉米、小麥等
原物料，如果能以較低的價格進口，當然也會牽動整體物價的下
跌。

　　但是，即使日圓升值，也不一定能夠造成進口商品的立即降價。
這是因為，即使現在日圓升值到 1 美元 ＝ 80 日圓，但是進口商可能
在之前 1 美元 ＝ 100 日圓時就已經支付了進口商品的貨款，因此當

然無法立即降價。

是否可以享受日圓升值所帶來的好處，也與貿易價格的結算時點大有關係。

▲ 不同情況所造成的損益

另外，在以下的情況，受到匯率波動的影響也很大：

①國外匯款

當有國外匯款的需求時，日圓升值會更有利。

假設，需要給在美國求學的子女，每月匯款 2,000 美元的生活費。如果匯率在 1 美元＝ 120 日圓時，所需匯款的金額為 24 萬日圓；如果匯率為 1 美元＝ 80 日圓，則所需的金額只要 16 萬日圓，隨著日圓的升值，匯款金額也會相對減少。

②在美國生活而薪資所得為日圓

當日圓升值，同樣數量的日圓收入可以換得更多的美元，因此生活可以更加寬裕。相反地，當日圓貶值，能換得的美元較少，生活壓力也會相對增加。

③在日本生活而薪資所得為美元

當日圓升值，同樣數量的美元收入換得的日圓較少，因此實際收入會減少。相反地，當日圓貶值，換得的日圓較多，實質的收入就會增加。這種情況常見於外商企業的東京分公司員工，生活在日本卻是領取美元薪資。

由以上例子看來，日圓升值和貶值對不同處境的人來說，既有優點也有缺點，因此不能一概而論。但是，對於生活在日本的人來說，相較於日圓貶值，日圓升值應該會更受歡迎。這是筆者的觀點，不知讀者您感受如何？

1.5
日圓升貶對企業有什麼影響？

進口導向型的企業會因日圓升值，有利於進口價格的下降，而出口導向型的企業則會因日圓貶值，換算成日圓後形成貨款收入的增加，直接帶來業績的成長。

▲ 日圓升值，有利於進口的商品和原物料成本的下降

如同上一節的說明，日圓的升值，有利於國內物價的下降。這種情況對於消費者的我們而言，可能生活會變得輕鬆寬裕一些。那麼，對企業而言又會有什麼影響呢？

首先，日圓升值，進口導向型的企業（大量仰賴進口商品和原物料的企業）能夠以較低的價格進口商品。

如此一來，進口廠商不僅產品的定價更具競爭力，也可以期待銷售的成長，所以日圓升值對進口廠商的業績明顯有推波助瀾的作用（見以下圖表）。例如，快時尚品牌「優衣庫」（UNIQLO）、最大的家具與室內裝飾零售商「宜得利」（NITORI）、進口原物料紙漿的「王子製紙」（OJI PAPER）等公司，都是受惠於日圓升值的日本企業。

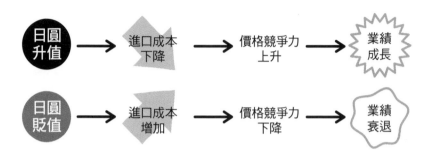

進口導向型企業與日圓升值、貶值的關係

日圓升值 → 進口成本下降 → 價格競爭力上升 → 業績成長

日圓貶值 → 進口成本增加 → 價格競爭力下降 → 業績衰退

　　相反地，日圓貶值，即使是進口與以往相同的商品或原物料，也會造成進口成本的增加，導致價格競爭力下降、銷售減少和業績下滑，因此對於進口導向型的企業而言，日圓貶值可說是十分不利。

▲日圓貶值，有利於海外交易所得的日圓轉換

　　對於出口導向型的企業（銷售對象主要是外國的公司）又是如何呢？以下我們以對美的汽車出口企業為例進行說明。

　　如下圖所示，東京的「紅白汽車公司」定期出口給美國紐約的「Hello公司」每次500台汽車，且每次獲取500萬美元的銷售款項。

　　如果暫定匯率為1美元＝100日圓，則500萬美元可以換得以下的日圓金額：

$$100日圓（＝1美元）×500萬美元＝5億日圓$$

　　如果匯率升值到1美元＝80日圓時，銷售金額換算成日圓則為：

出口導向型企業與日圓升值、貶值的關係

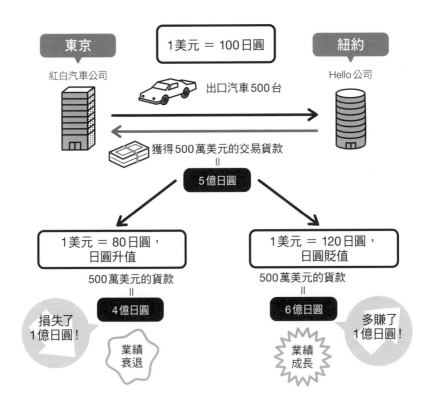

80日圓（＝1美元）×500萬美元＝4億日圓

　　由上述的計算可知，日圓升值之後，換回日圓的總金額將減少了1億日圓。所以當日圓升值，紅白汽車公司所能換回的日圓收入就會減少、營業額遭受損失。

　　反之，如果日圓貶值，匯率變為1美元＝120日圓，則：

120日圓（＝1美元）×500萬美元＝6億日圓

這樣一來，500萬美元換算回日圓的金額將比1美元＝100日圓時多出了1億日圓。

換言之，如果日圓貶值，紅白汽車公司所換回的日圓收入會增加，因而得利。

由此可知，即使是一如往常出口相同的商品，**日圓升值，將會造成收入的減少；日圓貶值，則會造成收入的增加**。對於銷售金額大多來自於海外的企業而言，匯率絕對是必須面對的課題。

例如，像豐田汽車（TOYOTA）這樣大型的汽車製造商或是松下電器（Panasonic）等大型家電製造商，因為海外銷售金額的占比相對較高，日圓貶值將成為一項有利的因素，使得業績提升；相反地，如果日圓升值，對營業所得相對不利，會造成業績的下滑。

▲ 日圓升貶也會影響國外旅客的到訪意願

此外，日圓的升貶也會對國內的觀光產業造成影響。**外國觀光客是觀光產業的重要收入來源，日圓一貶值，觀光客就增加，而日圓一升值，觀光客就減少。**

在1.4節，我們曾提到日圓升值（外幣貶值），可以減少出國旅遊的成本，但是，從外國人的角度來看，如果外幣升值（日圓貶值），當然就能以較低的成本來日本旅遊。

來日本旅遊的外國觀光客無論是觀光住宿或是購買伴手禮，都能為當地帶來大量的消費。但是，如果日圓升值，不但外國觀光客數量可能下降，購買紀念品的意願也會相對減少，因而導致觀光產業的銷售業績下滑。

因此，日圓的升值和貶值對不同產業、甚至不同的企業而言是好是壞，各有不同的影響。例如，2016年時，日圓曾突破1美元＝100日圓的價位，受益於日圓升值的企業，因為業績表現良好，不但加薪還能加發獎金。但同時也有受到日圓升值衝擊的產業，不但業績下滑，年終獎金也可能受到縮減。

1.6
外匯交易真的能獲利嗎？

外幣存款除了利息收入之外，還可能獲得匯差收益。外匯交易（FX）正是一種主動積極的金融商品，主要就是透過頻繁的交易獲取匯差收益。

▲ 何謂匯差收益與匯差損失

2016年6月，美元兌日圓匯率突破了2013年11月以來，持續2年又7個月的1美元＝100日圓的價位，來到99日圓左右，形成了日圓升值、美元貶值的趨勢。日圓從2016年6月初的110日圓水位，僅花了大約3週時間，日圓便升值了超過10日圓以上。

此時，最受矚目的存款應該就是「**外幣存款**」（**Foreign Currency Deposit**）。外幣存款正如字面的意思，是以外國貨幣存入的存款。當時很多人把日圓的定期存款解約，轉而存入外幣存款。之所以造成外幣存款急速增加的原因，是因為許多人判斷「外幣存款的時機已經浮現了」。

外幣存款如果在日圓升值時存入，於日圓貶值時解約，除了可以取得該有的利息之外，還可以賺取「**匯差收益**」（**Exchange**

Gain）。匯差收益是指因匯率波動所產生的利益，相對地，「匯差損失」（Exchange Loss）則是指因匯率波動所產生的損失。

到底外幣存款會形成多大的獲利或損失，我們可以用以下的例子進行試算。例如，目前的匯率為1美元＝100日圓，將1萬美元存入美元存款（假設利率為5%）1年後到期，可能得到的具體獲利或損失試算如下（參考以下圖表）：

預計存入1萬美元所需的日圓為100萬日圓（100日圓×1萬美元）。若以美元為計算基礎加上利息，1年後可收回的金額如下：

1萬美元＋利息（1萬美元×5%）＝1萬500美元（未稅）

假設1年後，日圓升值為1美元＝80日圓，如將1萬500美元換算回日圓，則總金額為84萬日圓。換算如下：

1萬500美元×80日圓＝84萬日圓（未稅）

投資的100萬日圓變成了84萬日圓，損失了16萬日圓。儘管利息使得美元的金額增加，但若日圓升值，換算回日圓時也可能造成損失。

另一方面，如果1年後的匯率變成1美元＝120日圓，則：

1萬500美元×120日圓＝126萬日圓（未稅）

1萬500美元換算回日圓變成126萬日圓，投資的100萬日圓增加到126萬日圓，獲利26萬日圓。所以，如果日圓趨貶，換算成日圓自然就可獲利。

外幣存款與日圓升值、貶值的關係

1美元 = 100日圓

100萬日圓 = 1萬美元

投資

美元存款（利率5%）

1年後

1萬500美元

1美元 = 80日圓，
日圓升值

1萬500美元
＝
84萬日圓

損失
16萬日圓

**日圓越是升值
損失越大**

1美元 = 120日圓，
日圓貶值

1萬500美元
＝
126萬日圓

獲利
26萬日圓

**日圓越是貶值
獲利越多**

※以上不考慮換匯手續費及相關稅金

換言之，對於操作外幣金融商品的投資人而言，「日圓貶值是天上掉下來的禮物」，而「日圓升值則是惱人的麻煩」。

前面所提的2016年6月的日圓升值，能在此時存入外幣存款的人應該是這麼想：「歷經了2年7個月，日圓再度突破1美元＝100日圓，高點已到，日圓貶值的反轉時候應該到了。如果現在存入外幣存款，必定可以獲得可觀的匯差收益。」

結果也正如投資人所預料，同年的12月，美元兌日圓的匯率就一度達到1美元＝118日圓的價位，也就是預估的日圓貶值、美元升值。這時，先前存入美元存款，取得匯差收益的投資人應該不在少數吧。

▲ 積極追求匯差收益的外匯交易

近來，有一種比外幣存款更積極瞄準匯差的外匯交易，稱為「**外匯保證金交易**」（**Foreign Exchange Margin Trading**，簡稱 **Forex** 或 **FX**）的金融商品，比外幣存款更受到投資人的歡迎。

所謂的FX交易，是指投資人透過外匯（FX）經紀商，存入一定的保證金作為擔保，利用匯率的波動從事外匯的買賣，用以賺取匯率差額利潤的交易。對於個人而言，交易金額最高可以放大保證金金額的25倍（日本金融廳目前正在檢討希望2018年之內可以下調至10倍[2]），這樣的交易即被稱為「保證金交易」。以下幾點簡單說

---

2 外匯保證金交易：2023年現在，日本仍然維持最大25倍的槓桿交易。而台灣的外匯交易商則會根據客戶的財力及交易經驗，提供20~200倍的槓桿規模。

明FX交易的魅力何在：

- 1天24小時隨時可上網進行交易（週六、日除外）。
- 手續費等成本比外幣存款低。
- 可以放大超出自有資金數倍的交易。
- 通常最低交易金額為1,000美元，進入門檻低。
- 可以操作交易的對作貨幣種類非常多元，如歐元兌美元等。

　　FX交易可以在短時間內獲得高額利潤，但是，也存在巨額虧損的風險。因為交易的金額是保證金的數倍，如果產生了匯差損失，所造成的虧損也是倍數膨脹。

　　還有，也可能造成投入的保證金瞬間消失，不得不補足FX經紀商處不足的保證金額度等窘境。

　　所以投資人在規劃投入FX交易之前，務必對商品的機制、交易方式和風險控管等要有充分的了解與掌握。

Part 2

解讀外匯交易的
基礎知識

2.1
外匯市場的基本機制

所謂的外匯市場，是指銀行等金融機構之間每日透過特定的
終端設備進行外匯交易的市場。

▲ 外匯市場以銀行之間的交易為核心

將日圓兌換成美元，或是任何兩種貨幣之間的兌換交易就稱為
「外匯交易」，而銀行等金融機構的貨幣買賣交易就在所謂的「外匯
市場」進行。

外匯市場的參與者，除了證券公司和壽險公司之外，銀行才是交
易市場中最具分量的主角，因此也被稱為「**銀行同業市場**[1]」（**Inter-
Bank Market**）。

外匯市場不像股票交易市場的東京證券交易所，並不存在一棟高
掛著「外匯市場」招牌的大樓。

---

1 Inter-Bank Market：在台灣用於貨幣市場時習慣稱為「同業拆款市場」，用於
　外匯市場則稱為「銀行同業市場」。日文則與英文相同，無論是貨幣市場或
　外匯市場皆稱為「インターバンク市場」及「Inter-Bank Market」。

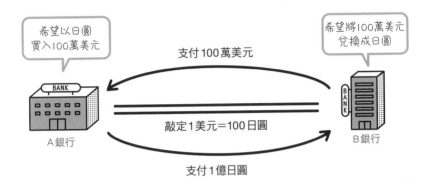

直接交易的機制

希望以日圓買入100萬美元

支付 100 萬美元

A 銀行

敲定1美元＝100日圓

B 銀行

支付1億日圓

希望將100萬美元兌換成日圓

　　所謂的外匯市場，實際上是一個看不見的虛擬的市場，買賣交易都是藉由銀行的外匯交易員利用專用的終端設備或電話來進行交易。而這些交易所形成的相互連結的網絡，就稱為外匯市場。

　　外匯市場的交易方式也與股票不同。股票市場的交易，是先將大量買方和賣方的訂單集中到證券交易所，證券交易所再針對事先所提出的賣方和買方的訂單進行條件配對，配對一致後才完成交易。

　　相較之下，外匯交易則是一種「協商交易」（Negotiated Transaction），無論何種匯率，只要買賣雙方達成協議，交易即可成立。

　　那麼，實際又是如何進行交易的呢？

　　舉例來說，假設 A 銀行有客戶希望將其擁有的日圓以 1 美元＝100 日圓的匯率兌換成 100 萬美元（如圖）。此時，有一家 B 銀行表示願意以 1 美元＝ 100 日圓的匯率，將 100 萬美元兌換成日圓，如此雙方便可用 1 美元＝ 100 日圓的匯率成交。

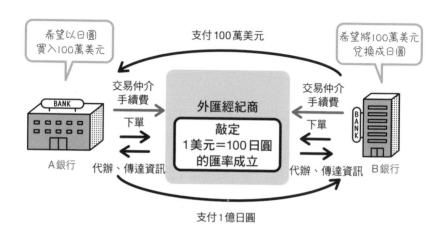

經紀商交易的機制

希望以日圓買入100萬美元

支付100萬美元

希望將100萬美元兌換成日圓

交易仲介手續費

外匯經紀商

敲定
1美元＝100日圓
的匯率成立

交易仲介手續費

A銀行　　下單　代辦、傳達資訊

下單　代辦、傳達資訊　　B銀行

支付1億日圓

此時，1億日圓（100日圓×100萬美元）就會從A銀行轉移到B銀行，而100萬美元則會由B銀行轉移到A銀行。

資金的轉移會在交易成立的兩個交易日內完成（稱為**現貨交易，Spot**）。此外，外匯市場的交易單位原則上是以100萬美元為單位。換言之，不是100萬美元倍數的120萬美元或250萬美元等皆不能構成交易。

外匯市場的交易基礎，是銀行等金融機構直接使用專用的終端設備或電話進行交易的「**直接交易**」（**Direct Dealing，DD**）。交易的即時資訊同時也會透過電子交易的看板或是如路透社等的新聞媒體，顯示各種匯率的最新相關訊息。

▲ 外匯市場的外匯經紀商交易

除了直接交易（Direct Dealing）之外，外匯市場還有透過所謂的「外匯經紀商」（Foreign Exchange Broker）的「經紀商交易」（Broker Dealing）。

例如，外匯經紀商會從A銀行處查詢是否有人下單（如所需貨幣種類、交易金額、期望匯率等），然後再將這些資訊轉介給最符合要求的B銀行，以期達成雙方交易。如雙方達成了共識，交易就會成立。

像這樣的交易經紀人角色，對銀行等而言，可說是最佳也是最便捷的介紹人。由於仲介交易屬於商業行為，自然就會產生買賣的仲介手續費。

近年來，由於各行各業都在講求降低成本以及電子網路交易等的推廣，交易變得更加容易，因此，透過外匯經紀商的交易明顯趨向減少，而銀行等金融機構之間的直接交易則成為交易的主流。

2.2
外匯匯率的機制

外匯匯率可分為：銀行同業匯率、企業客戶匯率及個人客戶匯率。另外，針對個人客戶的匯率又可分為 4 種類型。

▲ 各種不同的外匯匯率

以外匯市場而言，匯率可分為兩種：一是銀行同業之間的「**銀行同業匯率**」（**Inter-Bank Exchange Rate**），二是銀行與個人消費者及企業之間交易時所使用的「**顧客匯率**」（**Customer Exchange Rate**）。

當你想在銀行存入外幣存款或是兌換外幣時，當下你可能會覺得「嗯……這個匯率好像跟新聞所報導的匯率不一樣乀」。這是因為新聞所報導的匯率是銀行同業匯率。

▲ 銀行同業匯率

我們經常聽到類似「1 美元＝ 100.10 ～ 100.13 日圓」這樣的新聞報導。這些數字所表示的意義是：銀行同業希望買進美元（將日圓

換成美元）的平均匯率為1美元＝100.10日圓，而銀行希望賣出美元（將美元換成日圓）的平均匯率為100.13日圓。

也就是「想買入美元的銀行希望以較低的價格購入」，「想出售美元的銀行希望以較高的價格賣出」。

想要買入美元的銀行所提出的匯率稱為「買入匯率」（**Bid Rate**），相對地，想要出售美元的銀行所提出的匯率則稱為「**賣出匯率**」（**Offer Rate**），這些匯率統稱為「**報價匯率**」（**Quotations**）。

實際上，報價的匯率不會直接成為交易的匯率，而是經過銀行之間的協商，達成一致的匯率之後才會進行交易。而最終確定的交易匯率就稱為「**確定匯率**」（**Firm Rate**）。

▲ 針對銀行顧客的顧客匯率

針對銀行顧客的顧客匯率，又可分為企業客戶和個人客戶兩種。

①企業客戶（主要是大型企業）

銀行與企業客戶之間的匯率，就是用銀行同業匯率，再加上雙方事先協議的手續費。

例如，如下圖所示，紅白貿易和Z銀行之間協議以「每1美元收取0.03日圓的手續費」的方式進行美元和日圓的兌換。假如此時銀行同業匯率為1美元＝100.15日圓，加上已協議好的手續費後，交易的匯率就變成1美元＝100.18日圓。現在，假設紅白貿易購買了100萬美元，則Z銀行就可以從這筆交易中獲得：

每美元0.03日圓×100萬美元＝3萬日圓

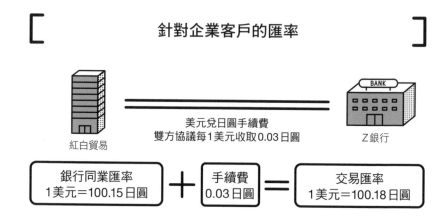

針對企業客戶的匯率

美元兌日圓手續費
雙方協議每1美元收取0.03日圓

紅白貿易

Z銀行

| 銀行同業匯率
1美元＝100.15日圓 | ＋ | 手續費
0.03日圓 | ＝ | 交易匯率
1美元＝100.18日圓 |

的手續費收入。銀行透過收取這些手續費收入取得獲利。但是，有時也會因為銀行和客戶之間的不同關係，所收取的費用也會不同，較大型的企業往往可以取得較低的附加手續費率。

②個人客戶

也就是如你我一樣的一般銀行客戶所適用的匯率，匯率由各家銀行根據以下方式決定：

首先，銀行會以外匯市場（銀行同業市場）上午10點的銀行同業匯率作為「中心匯率」（Telegraphic Transfer Market Rate，TTM），並以此為基準作為當天適用於個人客戶的匯率[2]。

該匯率又可細分為以下4種，原則上當天不會有任何變動（如圖）。

---

2 台灣與日本不同，台灣的銀行匯率於早上9:00開盤後，還是會隨著外匯市場的交易變化隨時變動。

針對個人客戶的美元兌日圓匯率

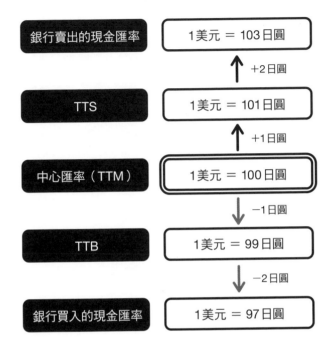

銀行賣出的現金匯率	1美元 ＝ 103日圓
	↑ +2日圓
TTS	1美元 ＝ 101日圓
	↑ +1日圓
中心匯率（TTM）	1美元 ＝ 100日圓
	↓ −1日圓
TTB	1美元 ＝ 99日圓
	↓ −2日圓
銀行買入的現金匯率	1美元 ＝ 97日圓

• 對客戶的銀行賣出即期匯率（TTS）

這是適用於存入外幣存款或國外匯款時，日圓兌換外幣所適用的
匯率。如果是日圓兌換美元的情況，則是將中心匯率再加上 1 日圓
即是兌換美元的現金匯率。

• 對客戶的銀行買入即期匯率（TTB）

這是適用於外幣存款到期，或是收受來自國外的外幣匯款，必須
將外幣兌換為日圓所適用的匯率。如果是美元兌換日圓的情況，即
是將中心匯率再減去 1 日圓即為兌換日圓的現金匯率。

TTS和TTB主要是用於金融機構之間的帳戶上的貨幣兌換，如果是換成現金，則需使用圖中的另一種匯率。

・銀行賣出的現金匯率

這是適用於日圓兌換為外幣現金的匯率。一般都是TTS再加2日圓就是兌換外幣現金的匯率。

・銀行買入的現金匯率

這是適用於外幣現金兌換為日圓的匯率。一般都是TTB再減2日圓即為兌換日圓的匯率。

由上述的說明可知，銀行賣出和買入的現金匯率之手續費比TTS和TTB來得高，主要原因是現金的存取會增加保存和運輸的成本，因此這些成本也理所當然會加到手續費之中。

2.3

為何外匯交易總是以美元為基準？

美國是全世界最大的經濟體和軍事大國，因此美元也是世界各國最為信賴的貨幣，廣被用於國際之間的貿易結算和外匯存底。

▲ 各國大量持有美元作為各國的外匯存底

如第1.2節所述，日本的外匯交易市場是以日圓和美元的兌換為匯兌核心。但是，不光是日本，全世界大多數的國家，都是以自己的本國貨幣和美元的匯兌作為外匯交易市場的中心。

原因在於，美國的美元是眾多貨幣中最受信賴，也最廣被全球所使用的「關鍵貨幣」（Key Currency）。

對美元的絕對信賴，只要觀察各國的「外匯存底」（Foreign Currency Reserves）便可清楚得知。外匯存底指的是各國為了因應經濟危機等突發狀況，除了持有自己國家的本國貨幣之外，還會持有多個國家的貨幣（外幣）。

主要是為了因應萬一發生的突發狀況為自己的國家所準備的一項

「保險」，所以擁有可靠的貨幣是重要的大事。

目前全球的外匯存底總額約為 11 兆 2,966 億美元。其中美元約 6 兆 1,256 億美元，約占全球各種貨幣總額的 64%，超過第二名歐元的三倍以上（根據2017年7至9月國際貨幣基金之統計數據）。

而且，從全球經濟的角度來看，美元也是國際貿易結算中最常被使用的貨幣。換言之，美元就像英語一樣，是全球的標準，全世界共通的貨幣。

▲ 擁有全球最強大的經濟與軍事實力，貨幣也就成為世界的關鍵貨幣

美元之所以能成為世界公認的關鍵貨幣，有以下幾點當之無愧的原因。

首先，美國是全球最大的經濟體，美國的國內生產毛額（**Gross Domestic Product，GDP**）就大約占全球的 **20%**。

正因為是經濟大國的貨幣，貨幣價值不太可能突然產生急遽的下跌，所以可以令人安心。相反地，如果貿易交易使用經濟脆弱國家的貨幣，可能會因為經濟衰退等原因而導致貨幣價值下跌，造成巨大損失。因此，許多企業的國際貿易往來經常是使用美元作為支付和收款的貨幣。

另一個原因是，**美國也是全球最大的軍事大國**。萬一發生戰爭或是恐怖攻擊事件，作為擁有世界最強軍事實力的美國，所受的損害相對也會較小，因此人們相信美元的價值不太可能大幅下跌。

美國的經濟和軍事實力增強了美元的信任度

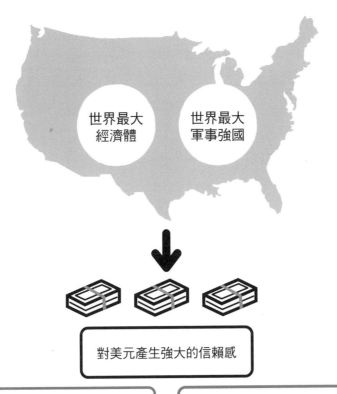

世界最大
經濟體

世界最大
軍事強國

對美元產生強大的信賴感

世界各國外匯存底
的主要貨幣

廣泛用於國際貿易之間
的結算

關鍵貨幣

外匯市場有一句名言叫做「有事買美元」（**Dollar Buying for Safe Haven**），也就是當戰爭發生或遭受恐怖攻擊時，「身上擁有美元就能讓人感到安心」之意。

但是，近年來這個名言似乎也因為各種狀況而受到了考驗。或許是因為美國的經濟實力近來逐漸呈現衰退的趨勢之故。至於美元目前關鍵貨幣的不可撼動地位，還能維持多久等問題，我們將在4.7節詳加說明。

2.4

美元之外的外幣匯兌交易使用交叉匯率

美元以外的兩種貨幣交換，使用的是以美元為基準的交叉匯率計算。

▲ 交叉匯率的計算方法

首先，我們先解釋美元以外的任意兩種貨幣之間的匯兌交易所使用的「交叉匯率」（Cross Rates）。

外匯交易市場的主角是美元和其他貨幣之間的交易。其他貨幣之間的交易不是沒有，但交易量並不是非常大。

例如，歐元、英鎊、瑞士法郎、加拿大幣等都是國際性的交易貨幣，所以外匯市場也會有歐元兌日圓、歐元兌英鎊、歐元兌瑞士法郎等匯率。

這些匯率並不涉及美元，但匯率的換算都是根據各國貨幣相對於美元的匯率，再算出這兩種貨幣之間的匯率。這樣換算所得出的匯率就稱為交叉匯率。

另外，交叉匯率中例如英鎊兌日圓或是瑞士法郎兌日圓，像這樣

非美元的外幣與日圓之間的匯率就稱為「日圓交叉匯率」（Yen Cross Rates）。

關於日圓交叉匯率的計算方法，有兩種計算組合：一種是將兌換方的貨幣相對於美元的匯率「相乘」，另一種則是將兌換方的貨幣相對於美元的匯率「相除」。

①相乘的組合（兌換方的貨幣是以外幣為基準時）

例如，英鎊兌日圓匯率的計算如下：

美元兌日圓匯率：1美元＝100日圓

英鎊兌美元匯率：1英鎊＝1.6000美元

因為，1英鎊＝1.6美元，

所以，**1英鎊＝1.6（美元）×100（日圓）＝160日圓**

②相除的組合（兌換方的貨幣是以自己的本國貨幣為基準時）

例如，瑞士法郎兌日圓匯率的計算如下：

美元兌日圓匯率：1美元＝100日圓

美元兌瑞士法郎匯率：1美元＝1.1000瑞士法郎

因為，1.1瑞士法郎＝1美元，

所以，**1瑞士法郎＝100（日圓）÷1.1（瑞士法郎）≒90.91日圓**

以上就是兌換日圓的交叉匯率例子，依照這樣的計算方法，即使是與日圓以外的次要貨幣之間的兌換，只要知道該貨幣與美元的匯率，就能算出兌換的匯率。這也顯示了美元是全球貨幣的基準。

但是，對於交易量較大的匯率，例如歐元兌日圓，匯率也是可以

透過外匯市場的交易來決定，而非使用上述的計算。

此外，匯率的表示方式有以下兩種：

①兌換為本國貨幣方式（本國貨幣表示法[3]）

表示一單位的外國貨幣可以兌換的本國貨幣（例如，在日本則是：1美元＝100日圓）。

②兌換為外幣方式（外幣表示法[4]）

表示一單位的本國貨幣可以兌換的外國貨幣（例如，歐元區或英國的美元兌換，則為：1歐元＝1.4美元，1英鎊＝1.6美元）。

---

3 台灣稱為：直接報價法（Direct Quotation），例如：1美元＝30.5新台幣。

4 台灣稱為：間接報價法（Indirect Quotation），例如：1新台幣＝0.033美元。

2.5

外匯市場是全天候24小時運作的市場

從紐西蘭的威靈頓市場開始，依照地球自轉的方向，世界各國的外匯市場依序展開交易。

▲ 外匯交易在全世界各地交易不間斷

外匯市場每天的交易額約達5兆美元，是全世界交易量最大的金融市場（根據2016年國際清算銀行調查）。

外匯市場經常被稱為是不休息的「不夜城市場」。因為除了倫敦、紐約和東京這三個世界主要的市場外，各國也都設有外匯市場，依照著地球的自轉，各國的外匯市場也依序展開作業，因此，一天之中的任何時間，都有外匯交易正在進行。

現在，讓我們按照日本時間來追蹤世界主要外匯市場的交易時間。雖說是外匯市場的交易時間，但實際上也沒有明確的時間設定。

外匯市場其實就是一個虛擬的數據網絡市場，因此只要想買賣，無論半夜或是清晨都可以在國外的某個銀行進行交易。換言之，銀

外匯市場一天之中無論何時均有交易在進行

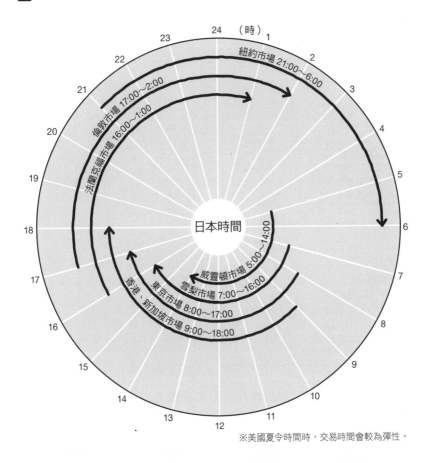

24（時）

紐約市場 21:00～6:00

倫敦市場 17:00～2:00

法蘭克福市場 16:00～1:00

日本時間

威靈頓市場 5:00～14:00

雪梨市場 7:00～16:00

東京市場 8:00～17:00

香港、新加坡市場 9:00～18:00

※美國夏令時間時，交易時間會較為彈性。

　行除了假日的休息日之外，一天24小時無論何時都可以進行外匯
交易。

　話雖如此，銀行的交易仍以工作時間內的交易最為活躍，因此我
們才會將這段工作時間視為該國外匯市場的交易時間。

日本經濟新聞所刊載的東京外匯市場每日美元兌日圓匯率

外匯市場   (14日)

◇日圓匯率

（銀行同業直接交易，日圓／美元，交易總額為前一日，收盤匯率：下午5點，開盤匯率：上午9點，參考前一日的日銀報價）

		前一日
收盤匯率	112.76—112.77	113.43—113.44
開盤匯率	112.76—112.77	113.53—113.55
最高匯率	112.54	113.13
最低匯率	112.80	113.57
量大匯率	112.77	113.54
銀行同業直接交易金額：		79億9,500萬美元
遠期交換匯率成交總額：		555億4,900萬美元

《日本經濟新聞》的「金融市場綜合」（日文：マーケット総合欄）版面，每日均會刊載日本銀行（日銀）所公布的東京外匯市場前一日的日圓匯率，而且可以與前一天的匯率互相比較。其中「最大匯率」（日文原文為：中心）是指當日交易量最大的匯率。

（2017年12月15日
《日本經濟新聞》日刊）

首先，外匯市場的一天開始於紐西蘭威靈頓市場的上午5點開盤（日本時間）。接著，上午7點雪梨市場（澳洲）開盤，上午8點左右，東京市場的交易也開始活絡起來。

接下來，1小時之後香港和新加坡市場緊接著開始交易，下午16點則是德國的法蘭克福市場接棒，17點則輪到世界最大外匯市場的倫敦市場，而21點，紐約市場的交易開始。

當紐約市場結束時，威靈頓市場已開始交易了，就這樣形成一整天不中斷的交易循環。

值得注意的是，美國和歐洲等地都有所謂的夏令時間和冬令時間，遇到這些時段，上述時間就會順勢調整。

▲ 東京市場的收盤匯率為當日17:00收盤時點的平均匯率

先前提到，外匯市場的交易時間並沒有固定的時間，但報紙新聞

等媒體卻有所謂的「收盤匯率」等資訊。

　　由於稱為「收盤匯率」，可能會讓人誤以為交易也有結束時間，但實際上報紙上所提的**「開盤匯率」**和**「收盤匯率」**是指日銀所公布的9:00和17:00時點的銀行同業交易的平均匯率。

　　而日銀也是為了提供每日的「東京外匯市場的匯率波動狀況」，遂將每日的交易時間訂為9:00至17:00，並且公布每日的開盤匯率、收盤匯率、最高匯率和最低匯率等資訊。

2.6
貿易交易中，會需要外匯交易

企業的進出口，必然產生貨幣兌換的需求。進口時需要將日圓轉換為美元，而出口則需要將美元兌換為日圓。

▲ 進口貿易有「日圓兌換美元」的需求

如前一節所述，外匯市場每日約有5兆美元的資金流動。這個數字大約是日本國家總預算的5倍，也遠高於全球外匯存底首位的中國的外匯存底總額。那麼通常為什麼要進行外匯交易呢？

經濟活動中有外匯交易需求的包括「貿易交易」（**Visible Trade**）和「資本交易」（**Capital Transaction**）。

其中，所謂的資本交易是指購入外國的股票、債券以及企業的海外併購等事項。為了達成交易需要外幣，因此產生了外匯交易的需求。

我們先解釋貿易交易的情況。貿易交易中，無論是進口還是出口都需要兌換外匯。例如，我們以一家進口企業為例，說明如下。

如下圖所示，假設有一家日本的紅白貿易從美國的Farmer公司進

口了4,500噸的玉米，貨款為100萬美元。

一般來說，美國的出口商會要求「貨款以美元支付」。因此，紅白貿易就必須將手中的日圓兌換成100萬美元，以便支付貨款。

此時，假設匯率為1美元＝100日圓，如果需要準備100萬美元的話，則所需的金額為：

$$100日圓（＝1美元）\times 100萬美元＝1億日圓$$

就像這樣，進口貿易便會產生「日圓兌換美元的需求」（購買美元的需求）。

▲出口貿易有「美元兌換日圓」的需求

接下來，我們再看另一家從事出口貿易的日本企業例子。如下圖所示，假設日本的金銀工業出口了500台電動機車給美國的Smile公司，並收到了價值100萬美元的貨款。

美國支付給出口商的貨款通常也是以美元支付，但是美元當然無法在日本國內使用。因此，金銀工業就需要將100萬美元兌換為日圓，以便用於員工的薪資支付和採購成本的支出等。

此時，如果匯率為1美元＝100日圓，則兌換成日圓後的金額如下：

$$100日圓（＝1美元）\times 100萬美元＝1億日圓$$

因此，出口貿易和進口的情況正好相反，會產生「美元兌換日圓的需求」（出售美元的需求）。

貿易往來所產生的外匯匯兌需求

①日本企業從美國進口商品時

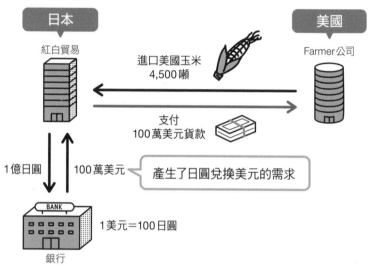

日本 | 美國

紅白貿易 | Farmer公司

進口美國玉米 4,500噸

支付 100萬美元貨款

1億日圓 | 100萬美元　產生了日圓兌換美元的需求

銀行　1美元＝100日圓

②日本企業對美國出口商品時

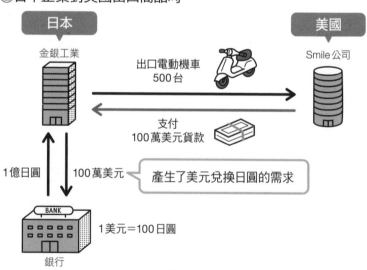

日本 | 美國

金銀工業 | Smile公司

出口電動機車 500台

支付 100萬美元貨款

1億日圓 | 100萬美元　產生了美元兌換日圓的需求

銀行　1美元＝100日圓

2.7

資本交易中，會需要外匯交易

投資人投資海外的有價證券，或是企業於國外建廠、開設分支機構、以及進行企業併購時，都會產生貨幣兌換的需求。

▲ 資本交易分為間接投資與直接投資

在上一節說明了何謂貿易交易，而這一節我們將解說有關境外投資的「資本交易」。所謂資本交易可分為「間接（證券）投資」和「直接投資」兩種方式。

▲ 間接投資所產生的貨幣匯兌

所謂的間接投資，是指購買股票、債券等有價證券，並藉由取得股息、殖利率收益或買低賣高等方式追求投資報酬的一種方式。

壽險和基金管理公司等不僅會在日本市場進行投資，也會投資國外市場。然而，當資金有意投資國外的股票或債券時，此時，勢必要將日圓兌換成當地的貨幣。

例如，壽險公司持有大量的美國公債（美國財政部債券），因為

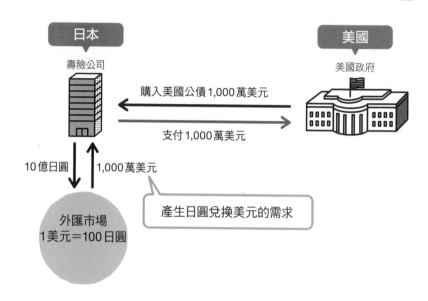

壽險公司購入美國公債時（間接投資）

日本
壽險公司

美國
美國政府

購入美國公債1,000萬美元

支付1,000萬美元

10億日圓　1,000萬美元

外匯市場
1美元＝100日圓

產生日圓兌換美元的需求

購買時只能以美元購入，所以為了取得這些債券，就必須將日圓兌換為美元。

　　如圖所示，假設有一家日本的壽險公司購買了1,000萬美元的美國公債。此時，如果美元兌日圓的匯率為1美元＝100日圓，則需要支付的金額為：

$$100日圓（＝1美元）\times 1{,}000萬美元＝10億日圓$$

　　相反地，需要出售手中所持有的美國公債，並將出售公債所得的美元兌換為日圓時，也需要進行外匯兌換。

　　此外，我們個人如果計畫存入外幣存款或是投資國外的股票和債

券時，也是同樣的情形。雖然投資這些外國的金融商品時，銀行等金融機構會幫我們完成所有的外幣兌換事項，但中間仍然需要經過外匯兌換的過程。

▲ 直接投資所產生的貨幣匯兌

所謂的直接投資，是指企業的海外建廠、開設海外的分支機構、併購外國企業等以商業目的為主的投資。

對於努力尋找廉價勞動力和投資機會而進軍全球市場的跨國企業而言，外匯交易絕對是不可或缺的重要項目。

日本的企業當中，就有許多像豐田汽車（TOYOTA）一樣非常積極地進行直接投資的跨國企業。

這些企業在世界各地擁有廣大的生產基地，但除了在海外設立工廠之外，還需要支付土地的購買費用、建廠費用、購買機器等的各種費用。此外，如果在海外設置分支機構，也需要支付辦公室的租金、購買辦公設備和傢俱等費用。**這些費用都必須使用當地的貨幣支付，因此就會產生日圓兌換當地貨幣的需求。**

另外，當日本企業有意併購其他外國企業時，也會產生外匯的匯兌需求。

例如，日本的 Afa 製藥考慮收購擁有先進技術的美國生技公司，並計畫收購該公司的全部股份，使其完全成為 Afa 製藥的子公司，如下圖所示。在這種情況下，Afa 製藥需要從美國生技公司的現有股東手中購入該公司的全部股份。假設，該公司的全部股份總價值

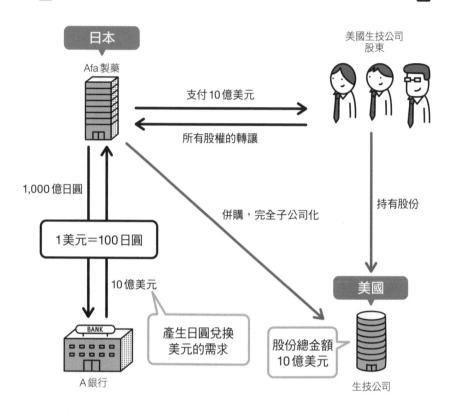

日本企業併購外國企業時（直接投資）

為10億美元，為了籌措這10億美元，Afa製藥就需要將手中的日圓兌換成美元。

假設此時的匯率為1美元＝100日圓，則：

100日圓（＝1美元）×10億美元＝1,000億日圓

因此需要1,000億日圓。

多巴胺國度
在縱慾年代找到身心平衡

從「利率」看經濟

看懂財經大勢，學會投資理財

你的工作、存款和貸款、
甚至你的退休金，都跟「利率」有關！

日本No.1經濟學家——瑞穗證券首席市場經濟學家上野泰也，
教你從最基本的「利率」觀念，進而了解金融體系的運作、各
種投資理財商品的特性，看懂財經新聞、洞悉經濟大勢！

從「匯率」看經濟：
看懂股匯市與國際連動，
學會投資理財

2024年
第一季出版

專業推薦

相反地，如果要出售海外工廠或海外子公司時，通常交易的金額會以當地貨幣作為支付貨幣，因此便需要將外幣兌換成日圓，方能於日本使用。

2.8

固定匯率制與浮動匯率制的差異？

固定匯率制的匯率始終保持固定或是控制在非常小的波動範圍。而浮動匯率制的匯率則會因市場的供需狀況而不斷地產生匯率波動。

▲ 匯率應該採用固定制，或是浮動制？

匯率的決定方式各國不同，有些國家採用「固定匯率制」（Fixed Exchange Rates），有些國家則採用「浮動匯率制」（Floating Exchange Rates）。

①固定匯率制

是將匯率固定或是控制在很小的波動範圍的一種方法。

所謂的固定，即是如果匯率為 1 美元＝ 200 日圓，則匯率都會一直保持在 200 日圓不變。

如果採用的是小幅的匯率波動，則會事先決定匯率的波動範圍，例如「將匯率設定在上下 1% 以內的波動範圍」。如果匯率超出了這個範圍，中央銀行就會進行外匯市場的買賣干預，以便將匯率控

固定匯率制與浮動匯率制的機制

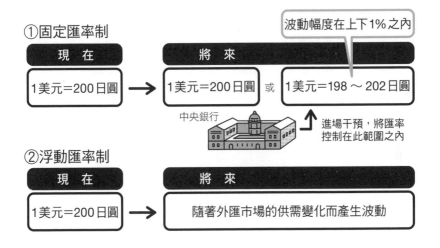

①固定匯率制

| 現　在 | → | 將　來 | | 波動幅度在上下1%之內 |

1美元＝200日圓　→　1美元＝200日圓　或　1美元＝198～202日圓

中央銀行

進場干預，將匯率控制在此範圍之內

②浮動匯率制

| 現　在 | → | 將　來 |

1美元＝200日圓　→　隨著外匯市場的供需變化而產生波動

制在預設的範圍之內（市場干預→5.3節）。

　　現今採用固定匯率制的國家，大多數都是開發中國家。

　　原因在於，經濟基礎較為薄弱的開發中國家，貨幣價值相對不高，如果使用浮動匯率制，這些國家的貨幣兌換需求可能會因為過於少量，而導致匯率暴跌或是匯率無法成交的情況。如此一來如果導致貿易交易的不順暢，可能造成國家經濟的不穩定。

　　因此，如果能事先確定與像美元這樣的強勢貨幣之間的相對價值，並且將匯率固定住，就可以避免匯率的劇烈波動，而使貿易交易更加順暢。換言之，固定匯率制是支撐開發中國家經濟活動的一種制度。

②浮動匯率制

匯率是根據市場的供給與需求平衡（→3.1節）自由決定，因此匯率總是不斷地變動。

供給與需求的平衡機制指的是，如果想購買美元的人較多，美元的價值就會上漲，如果想購買的人較少，價值就會下跌。但是，如果當需求過於旺盛或供給過多，導致市場走向極端，可能會對經濟造成不良影響時，也可以透過市場干預來讓交易回歸穩定，或者引導匯率走向適當價位，以達到穩定市場的效果。

2.9

縱觀戰後美元兌日圓匯率的走勢

尼克森震撼（Nixon Shock）以來，全球匯率市場發生巨大的改變，日本從固定匯率制轉為浮動匯率制，導致日圓升值、美元貶值。

▲ 持續了22年8個月的1美元＝360日圓的時代

回顧戰後以來美元兌日圓匯率的變化，我們就可看出匯率對全世界的重要性。即使現在日本已是採用浮動匯率制國家，但二戰之後有很長一段時間，日本一直是採用「固定匯率制」。

1949年4月，日本正式決定採用固定匯率制，且將匯率訂為1美元＝360日圓。之後的1952年，日本加入以維持貨幣與外匯穩定為目的的國際貨幣基金（IMF）（→5.6節），1美元＝360日圓的匯率得到了國際認可。就這樣，這個制度就從1949年4月到1971年12月，整整持續了22年8個月。

與現在的匯率相比，360日圓聽起來實在是太昂貴了，那是因為當時日本和美國的經濟實力差距實在太大了。

1971年美元與黃金的兌換中止

▲ 歷經尼克森震撼後的1美元＝308日圓

美國經濟曾經在世界無可匹敵，但自從1960年代後半，美國經歷了越戰的節節敗退、以及1970年代的兩次石油危機（石油價格急遽上漲事件），導致美國的財政和貿易赤字（貿易逆差）不斷擴大，經濟開始呈現傾斜現象。

另一方面這段時間，日本正邁入經濟的高度成長階段，並於1969年成為貿易順差的國家。在這種情況下，1971年8月，美國總統尼克森為了減少貿易赤字，發表了多項以「中止美元與黃金之間的兌換」為核心的經濟政策。這就是所謂的「尼克森震撼」（**Nixon Shock**）。

這項舉措使得1944年所頒布的「**布列敦森林體系**」（**Bretton Woods System**）完全崩解。布列敦森林體系主要是將全世界共通價值的黃金與美元的兌換比率固定在「**1盎司黃金＝35美元**」，並以此固定住各國貨幣與美元的匯率。

布列敦森林體系在當時之所以能夠得到支持，也是因為全世界經濟實力最強的美國承諾說，無論何時只要有需要，美國都接受以35美元來兌換1盎司黃金，因此這個固定匯率制度才得以成立。

但是，當美元與黃金的兌換中止後，美元的價值就開始下跌，也迫使當時必須重新建立一套新的全球匯率體制。於是，1971年12月於美國首府華盛頓的史密松寧博物館（Smithsonian Institute）召開了一場國際會議，討論替代布列敦森林體系的新國際貨幣體制。

會議上，決定降低美元對主要貨幣的價值，並重新評估美元兌日圓的匯率，確定了**1美元＝308日圓**的固定匯率。這就是史稱的「**史密松寧協定**」（**Smithsonian Agreement**）。

▲ 日本等先進國家轉向浮動匯率制

但是，1美元＝308日圓的固定匯率並沒有維持很久。美國的貿易赤字持續增加，再加上日美經濟的實力逐漸拉近，導致美元和日圓的價值差距也在縮小。

在此期間，包括日本在內的先進國家於1973年2至3月紛紛轉向採用「**浮動匯率制**」。由於此次浮動匯率制的變更，成功獲得國際貨幣基金（IMF）於牙買加（Jamaica）首都京斯敦（Kingston）所召開的會議上的同意，因此也被稱為「**京斯敦制度**」（**Kingston System**）。

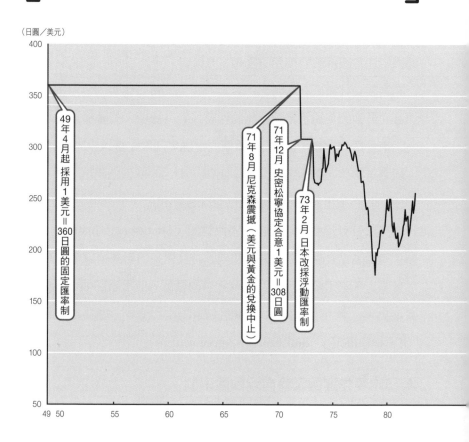

戰後的美元兌日圓匯率走勢以及主要事件

（日圓／美元）

49年4月起採用1美元＝360日圓的固定匯率制

71年8月尼克森震撼（美元與黃金的兌換中止）

71年12月史密松寧協定合意1美元＝308日圓

73年2月日本改採浮動匯率制

　　固定匯率制雖說是一種為了支撐開發中國家的貿易所設立的制度，但是，一旦該國的經濟開始逐步走向發展，如果仍舊保持固定匯率制，則可能讓人產生不公平的感覺。

　　例如，如果美元兌日圓所設定的匯率低於實際的日圓價值，則日本就能以較低的價格將產品出口至美國，相反地美國商品則必須以

082

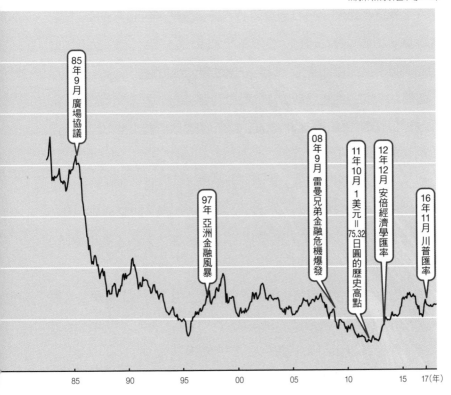

※月末（東京外匯市場17:00）

> 85年9月 廣場協議

> 97年 亞洲金融風暴

> 08年9月 雷曼兄弟金融危機爆發

> 11年10月 1美元＝75.32日圓的歷史高點

> 12年12月 安倍經濟學匯率

> 16年11月 川普匯率

85　　　90　　　95　　　00　　　05　　　10　　　15　17(年)

較高的價格出口至日本。結果將導致只有日本的產品大賣，只有日本單方面獲利的情況。

　　由固定匯率制改採浮動匯率制的原因之一，也是出於消弭貿易不公平現象的必要改變。

▲ 廣場協議觸動日圓的急速升值

日本改採浮動匯率制之後的一段時間，美元兌日圓的匯率大約維持在1美元＝260～300日圓之間的波動。但是，1985年9月，於紐約的廣場飯店（Plaza Hotel）所舉行的日、美、英、德、法五國財長和央行總裁的國際會議，成為一個重要的轉折點。

當時的美國，由於長期以來的財政和貿易赤字，二次大戰後首次成為淨債務國（Net Debtor Country，指該國政府和企業向國外所借入的款項大於借出的款項）。

於是，美國提出了引導美元貶值的議題進行討論，並呼籲各國合作以減少美國的貿易赤字。最終，各國達成共識，**同意透過各國之間的合作協調，降低美元的價值**。這項協議被稱為「**廣場協議**」（**Plaza Accord**）。

當這份協議的內容公諸於全世界之後，外匯市場馬上急速進入賣美元買日圓的態勢，以致一年半後的1987年，美元兌日圓的匯率已經下跌至1美元＝140日圓左右。

隨後，進入1990年代，美元再次下跌，並於2011年10月短暫地觸及史上最低的1美元＝75.32日圓。

▲ 安倍經濟學與川普時期的日圓走貶

自從安倍晉三於2012年9月當選自民黨總裁以來，民間對於金融市場的政策改革期望不斷上升，導致美元兌日圓匯率開始轉為日圓貶值、美元升值的態勢。此外，在安倍就任首相之後，伴隨著「安

倍三箭」的經濟政策（大膽的貨幣政策、靈活的財政政策、鼓勵民間投資的經濟成長策略）推行，以及 2013 年 3 月上任的日銀總裁黑田東彥所推出的所謂「非傳統量化寬鬆」的大規模貨幣寬鬆政策，進一步加劇了日圓貶值的走勢。到了 2013 年 12 月，美元兌日圓匯率已經來到了 1 美元＝ 105 日圓左右，此外又受到日銀進一步的寬鬆政策影響，在 2015 年 6 月又再貶值至 1 美元＝ 125 日圓左右。這種引導日圓貶值、美元升值的局勢就被稱為「**安倍經濟學匯率**」（**Abenomics Rate**）。

之後，隨著新興國家的經濟停滯、石油價格下跌以及全球經濟前景的不確定性等因素，使得被視為相對安全資產的日圓開始被持續買入（→4.1 節），進而導致日圓又再度升值。

但是，2016 年 11 月川普（Donald Trump）贏得美國總統大選之後，日圓貶值、美元升值的態勢急速加劇。這是因為市場對川普總統所提出的擴張性財政政策的期望上升以及美國長期利率上升等因素所致。這種日圓貶值、美元升值的現象就被稱為「**川普匯率**」（**Trump Rate**）。

Part 3

剖析經濟影響匯率波動的基本機制

3.1

貨幣供需的均衡決定匯率的高低

外匯市場的市場價格和銀行同業之間的匯率，取決於貨幣的賣方與買方的數量而定。

▲ 需要美元比較多還是日圓比較多？

外匯市場（銀行同業市場）中，有人希望「以1美元＝100.20日圓購買500萬美元」、或是「以1美元＝100.25日圓出售200萬美元」等等，每天都有來自世界各地金融機構的各種不同需求，尋求貨幣的買賣交易。因為外匯市場就是賣方和買方帶著自己的思考模式互相交流的地方。

這樣的外匯市場所產生的匯率被稱為銀行同業匯率，而這些匯率的波動也是根據貨幣的供需關係而產生。

例如，以美元兌換日圓的匯率為例，當需要購買美元（將日圓換成美元）的人，多於想要賣出美元（將美元換成日圓）的人時，美元的需求增加，就會導致「日圓貶值、美元升值」的情況發生。相反地，當想賣出美元的人多於想購買美元的人，美元的供給增加，

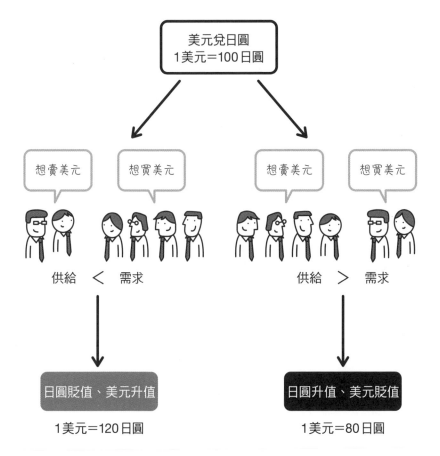

美元兌日圓的匯率取決於美元與日圓的供需變化

美元兌日圓
1美元＝100日圓

想賣美元　想買美元　　想賣美元　想買美元

供給　＜　需求　　　　供給　＞　需求

日圓貶值、美元升值　　日圓升值、美元貶值

1美元＝120日圓　　　　1美元＝80日圓

就會造成「日圓升值、美元貶值」的情況。

　　外匯市場時時刻刻都有來自世界各地的金融機構，積極地參與貨幣交易，因此匯率就會不斷地產生波動。例如，早上美元兌日圓匯率是1美元＝100日圓，而到了晚上可能變成1美元＝100.50日圓的日圓貶值，或者1美元＝99.50日圓的日圓升值。

順便一提，2017年11月的東京外匯市場，每日的高低價差（最高價與最低價之差）平均約為0.42日圓，而東京、倫敦和紐約這三大市場的平均高低差則是0.74日圓。

　　由上圖，我們知道匯率的變化取決於貨幣的供需均衡，接下來的章節，我們將深入探討是哪些因素影響了貨幣的供需均衡，並且說明為何這些因素會導致匯率的波動。

3.2

是貿易逆差還是順差，也會影響匯率

貨幣的價值會因貿易順差而使得貨幣升值，也會因貿易逆差而使得貨幣貶值。美國的對日貿易一直處於貿易逆差的狀態，所以導致美元兌日圓的匯率呈現日圓升值、美元貶值的走勢。

▲ 美國的對日貿易逆差影響到美元兌日圓的匯率

國際貿易的交易之中，無論是進口或出口，都有外匯交易的需求。日本的企業進口國外的商品時，需要將「日圓換成美元（外幣）」，而將商品出口到國外的日本企業則需要將「美元（外幣）換成日圓」（→2.6節）。

因此，進口貿易需要將日圓兌換成美元，所以會導致購買美元的需求增加，也就成為日圓貶值、美元升值的要素；而出口貿易則需將美元兌換成日圓，導致賣出美元的需求增加，就成了促使日圓升值、美元貶值的要素。

全球各國之間都有各式各樣的貿易往來，各國的政府機構也都會公布各自國家與他國之間的「貿易餘額」（Trade Balance）。貿易餘額指的就是該國的進口與出口之間的差額，根據以下的狀況，可

美國的對日貿易逆差擴大，引發日圓升值、美元貶值

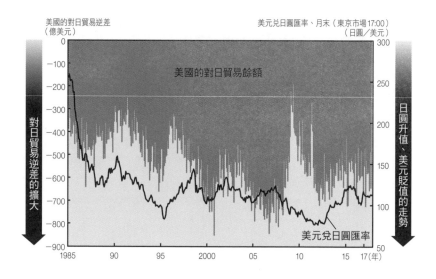

美國的對日貿易逆差
（億美元）

美元兌日圓匯率、月末（東京市場17:00）
（日圓／美元）

對日貿易逆差的擴大

日圓升值、美元貶值的走勢

美國的對日貿易餘額

美元兌日圓匯率

分為貿易順差（貿易黑字）與貿易逆差（貿易赤字）兩種情況：

- 出口總額＞進口總額→貿易順差國家
- 出口總額＜進口總額→貿易逆差國家

　　貿易順差的國家，企業為了支付進口品的貨款需將本國貨幣兌換成外幣，相較於因為商品出口後所收取的外幣需兌換成本國貨幣，本國貨幣的買入需求顯然是大於賣出的需求。這樣的需求差距也就導致了本國貨幣價值的上升。而日本的對美貿易，不僅長久以來一直是貿易順差的狀態，還有逐漸擴大的趨勢，這也形成了日圓升值、美元貶值的要素。

相反地，貿易逆差的國家則會造成本國貨幣價值的下跌。例如，以貿易逆差的美國為例，美國因為出口所獲取的美元，遠少於因應進口所應支付的美元金額。而一般的日本企業通常收到美元之後，會將美元兌換成日圓，這個狀況也就形成了日圓升值、美元貶值的原因。

上圖顯示了美國的對日貿易逆差（貿易赤字）和美元兌日圓的匯率走勢。當美國的對日貿易逆差增加時，則會趨向日圓升值、美元貶值。貿易逆差減少時，則會傾向日圓貶值、美元升值的走勢。

由上可知，貿易活動是影響匯率的一個因素，但也僅是眾多因素之一！接下來的章節，我們還會介紹各種不同的因素，而這些因素相互交錯，進而影響匯率的波動。

3.3

是資金集中國還是資金流出國，也會影響匯率

當日本流出的資金不斷增加時，就會造成日圓貶值。當海外的資金不斷湧入日本，就會形成日圓升值的因素。這種現象只要參考證券投資和直接投資的數據便能清楚了解。

▲ 從證券投資和直接投資看「資本的進出」

正如第2.7節所述，當有意在其他國家進行「資本交易」（Visible Trade）時，基本上必須先將本國貨幣兌換為該國的貨幣。換言之，這樣的資本投資所需的外匯交易，也是影響外匯市場的因素之一。以下我們就針對先前所介紹的資本交易的「間接（證券）投資」和「直接投資」，進一步分類說明。

①間接投資（也就是證券類投資）

例如，當日本投資人有意購買美國的股票或債券時，此時便需將日圓兌換為美元（即買入美元），這將導致日圓貶值、美元升值（但如果投資人只是借入美元資金並購買美國債券等資產的情況則是例外）。

相反地，當美國投資人有意購買日本的股票或債券時，此時則需將美元兌換成日圓（即買入日圓），因此日圓的需求增加，也就形成日圓升值、美元貶值的因素之一（如果投資人是借入日圓資金，再購買日本股票等情況也是例外）。

那麼到底有多少日本人投資海外市場、又有多少外國資金投入日本市場呢？通常我們可以透過財務省（相當於台灣的財政部）所公布的「外國證券投資」和「境內證券投資」來了解情況。

- 外國證券投資（Foreign Portfolio Investment）

是指日本投資人購買外國股票或債券的金額（流出資金）減去賣出金額（流入資金）後的差額。

「外國證券投資」的增加，意味著日本投資人購買外國股票或債券的金額多於賣出的金額。

在此種情況下，日圓兌換外幣的需求會多於外幣兌換日圓，因此成了日圓貶值的因素。

相反地，外國證券投資的減少，意味著更多外幣需要兌換成日圓，因此成了日圓升值的因素。

- 境內證券投資（Inward Portfolio Investment）

指的是外國投資人購買日本股票或債券的金額（資金流入）減去賣出金額（資金流出）後的差額。

境內證券投資的增加，意味著外國投資人購買日本股票或債券的金額多於賣出的金額。

在這種情況下，因為需要買入日圓的需求較多的緣故，因此會形

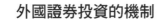

外國證券投資的機制

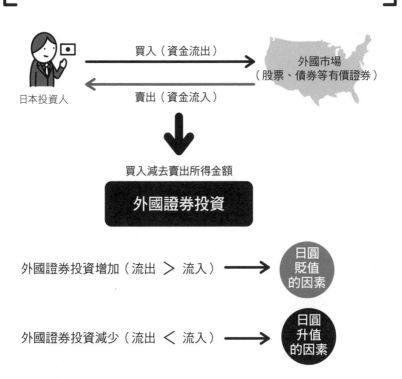

成日圓升值的因素。

　　相反地，境內證券投資減少時，意味著更多的日圓需要兌換成外幣，因此會成為日圓貶值的因素。

②直接投資（Direct Investment）

　　例如，日本企業有意在美國建置工廠，也意味著對美元的需求增加，因此會導致日圓貶值、美元升值。

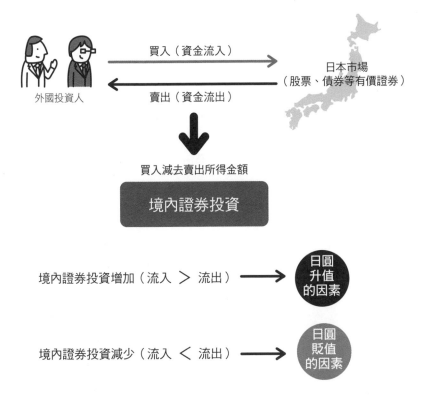

境內證券投資的機制

買入（資金流入）

日本市場
（股票、債券等有價證券）

賣出（資金流出）

外國投資人

買入減去賣出所得金額

境內證券投資

境內證券投資增加（流入 ＞ 流出）──→ 日圓升值的因素

境內證券投資減少（流入 ＜ 流出）──→ 日圓貶值的因素

　　相反地，如果美國企業想在日本開設分店，那麼購買日圓的需求則會增加，也將成為日圓升值、美元貶值的因素。另外，企業的海外併購不可避免地也需要外匯。

　　日本的企業在國外究竟有多少投資或是外國企業對日本的投資狀況，都可透過日本財務省所公布的「**對外直接投資**」（**Outward FDI**）和「**對內直接投資**」（**Inward FDI**）的數據一窺究竟。

- 對外直接投資

　　指的是日本企業對外國的直接投資。對外直接投資的增加會增加賣出日圓、買入外幣的需求，也將成為日圓貶值的因素。

- 對內直接投資

　　指的是外國企業對日本的直接投資。對內直接投資的增加會增加賣出外幣、買入日圓的需求，也將成為日圓升值的因素。

　　如上所述，資本交易對匯率的影響，基本上是因為一國的投資資金流入較多，促使該國的貨幣受到大量買入，因此變得價值更高。以日本為例，如果日本流向外國的資金增加，則會導致日圓貶值；外國流入日本的資金增加，則會造成日圓升值。

3.4

景氣的好壞對匯率的影響？

景氣好的國家因為容易吸引世界各國的企業和投資人投資，
因此對該國貨幣的需求就會增加。

▲ 景氣好的國家會吸引資金流入

首先，讓我們先談談何謂景氣。根據字典上的定義，景氣指的是
「企業活絡的程度與經濟活動的狀態」。

簡言之，當企業不斷生產商品，消費者也不斷地購買，經濟活動
呈現蓬勃發展的景象，我們就稱之為景氣繁榮或景氣良好。相反
地，當景氣不佳時，我們則稱之為景氣衰退或不景氣。

所謂的景氣，指的是任何國家的經濟從衰退的狀態（谷）到良好
的狀態（峰），然後再下滑到衰退的狀態（谷），如此不斷的谷、
峰反覆上下起伏而形成的週期現象，就是所謂的「**景氣循環**」
（**Business Cycle**）。

景氣好的時候，企業的銷售量會增加。隨著銷售增加，企業可能

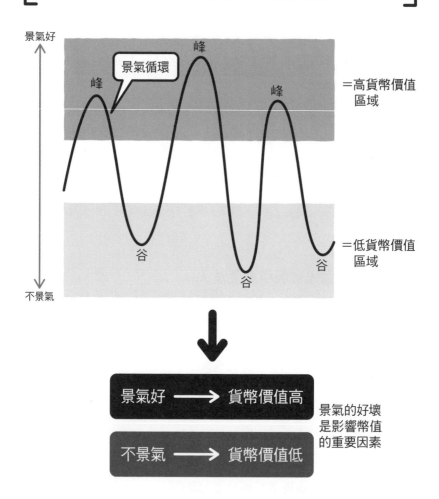

景氣循環與貨幣價值高低的關係

景氣好

景氣循環

峰

峰

峰

＝高貨幣價值
區域

谷

谷

谷

＝低貨幣價值
區域

不景氣

景氣好 ⟶ 貨幣價值高

不景氣 ⟶ 貨幣價值低

景氣的好壞
是影響幣值
的重要因素

會考慮投入更多資金，以創造新的商機或投資新的設備，期望營業
額能再進一步擴大。

如此一來，公司員工的薪資也會隨之上漲。而員工個人及其家庭
的消費行為也會隨之改變，例如汽車、家電的汰舊換新、增加旅行

和外出用餐的次數等等。所有這些因素都導致「**個人消費**」（**Personal Consumption**）的逐漸增加。

這裡所謂的個人消費，在經濟學上指的是家戶單位的消費行為。由於家戶成員使用共同的可用資金，如同一個共同的錢包，因此計算時需要以家戶為衡量單位。

雖然單一家戶的個人消費金額可能微不足道，但對於整個國家的經濟而言，其實具有相當的影響力。隨著個人消費商品和服務的增加，企業的營業額也會相應增加，進而促進整體經濟的發展，形成良好的景氣狀態。

景氣好的國家對其他國家而言也是一個極具吸引力的市場。全球各地的跨國企業都希望能夠在景氣繁榮的國家擴展自己擅長的商業領域。

此外，景氣好的國家也意味著企業的利潤增加，股價有望上漲。因此，外國投資人也會希望透過投資該國的股票來獲利。

如此一來，景氣好的國家自然更能吸引來自世界各地的資金。因此，當一個國家的景氣好轉時，為了能到該國投資，自然需要買入該國的貨幣，進而推升該國貨幣價值，都是一種常見且合理的現象。

▲ 景氣好日圓就可能升值，但過度的升值，景氣也將遭受打擊

接著我們假設日本的經濟早於其他國家進入景氣繁榮的狀況，那

又會發生什麼事呢？首先是外國企業開始前仆後繼進入日本市場，接著外國投資人也會開始關注投入日本股市。

外國這樣的對日投資，勢必形成賣出自己本國貨幣、買入日圓的需求增加，進而推升了日圓的匯率。這也是促使日圓升值的一個因素。

但是，如果日本的景氣持續擴張，則會導致利率的上升，這將再次推升日圓的匯率升值。在這種情況下，需要特別注意的是，日圓不斷升值的結果對日本企業的獲利將會產生負面影響，進而影響股價以及整個股市。

正如前面所述，經濟和金融市場的走勢是相互影響的關係。特別是日本，快速的日圓升值很可能導致經濟和企業業績的惡化，因此日本政府和央行為了維持國內的經濟穩定，也是隨時保持警覺，希望可以將日圓匯率維持在相對貶值的狀態。

3.5

當國家經濟成長時，又會如何？

一個國家的經濟實力可由GDP的數據得知，GDP的數值越高，貨幣的價值也越高。當GDP呈現成長時，該國的貨幣價值也隨之上升。

▲ GDP可以衡量一個國家的經濟規模

美國的美元之所以成為世界的關鍵貨幣，其中一個原因是因為美國是「世界最大的經濟體」，但是，如果要衡量一國的經濟規模，則會使用一個叫做「國內生產毛額」（**Gross Domestic Product**，**GDP**）的指標作為衡量的共同標準。

所謂GDP是指在一定的時間內，一個國家國內所生產的商品和服務的附加價值總和（即商品和服務的營收總額減去原物料的成本費用）。當一個國家的GDP增加時，也意味著這個國家的經濟規模正在擴大。

如同下圖所顯示的，觀察2016年全球GDP的排名，第一位是美國，金額為18兆6,245億美元，而日本排名第三，金額為4兆9,474

名目GDP的世界排名（2016年）

（單位：兆美元）

排名	國家	GDP
1	美國	18.6245
2	中國	11.1992
3	日本	4.9474
4	德國	3.4778
5	英國	2.6479
6	法國	2.4655
7	印度	2.2635
8	義大利	1.8500
9	巴西	1.7962
10	加拿大	1.5358

美國是日本的3倍以上！

出處：日本內閣府（相當於台灣行政院）

億美元。日本與美國不僅只是國家大小的差異，即使是經濟規模也是相差甚遠。

在上一節我們說明了景氣的好壞，而景氣並非模糊的概念，我們可以透過今年的GDP與前一年度的比較來判斷。這種判斷方式稱為「**GDP成長率**」（**GDP Growth Rate**）。景氣較好的年度會有較高的GDP成長率，而景氣較差的年度則呈現較低的成長率。

2016年度的日本GDP成長率（根據實際物價調整後的實質基礎）為正1.3%。這個數據顯示了日本的景氣稍有改善。

▲GDP的成長伴隨著貨幣價值的上升

從日本的歷史我們可以清楚地驗證，高度經濟成長的國家，貨幣

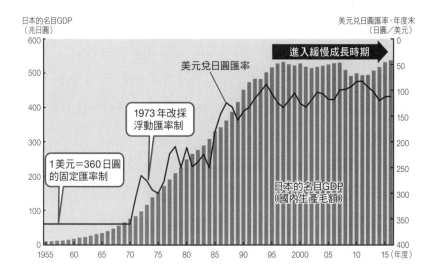

日本GDP的擴大伴隨著日圓升值

日本的名目GDP
（兆日圓）

美元兌日圓匯率、年度末
（日圓／美元）

進入緩慢成長時期

美元兌日圓匯率

1973年改採
浮動匯率制

1美元＝360日圓
的固定匯率制

日本的名目GDP
(國內生產毛額)

價值容易上升。

以日本經濟的高度成長時期（1957～1972年）來看，當時日本的GDP平均年成長率為9.5%，是日本GDP的高度成長時期。這段期間，美元兌日圓匯率由1美元兌360日圓調整為1美元兌308日圓，並於1973年改採浮動匯率制。

此圖比較了日本GDP（未加入物價調整的名目基礎）和美元兌日圓匯率的變化，可以看出GDP的成長和日圓升值的曲線幾乎一致。

日本經濟自石油危機後，即進入了穩定成長期，從1974年到泡沫經濟破滅前的1989年，日本的平均GDP年成長率為3.6%。在此期間，日本透過出口導向型企業的嚴格成本控制，形成了深具國際競爭力的強大國家。然而，由於對美國的出口成長引發了日美的貿

易摩擦，之後隨著廣場協議（Plaza Accord→2.9節後半）的簽訂，立即引發了日圓的急速升值。

1990年泡沫經濟破滅之後，日本進入了長期的景氣低迷時期，從1991年到2016年，GDP的平均年成長率僅為0.6%。

以長期的角度來看，事實上日本的經濟還是呈現穩步的成長。**1971年美元兌日圓匯率為1美元＝360日圓，而2017年是1美元＝110日圓左右，日圓的價值也增值了三倍之多。**

日本的GDP，於1990年代後期之後也大多保持在約530兆日圓強的水位，於此同時，美元兌日圓的匯率也一樣大致保持在相對平穩的狀態。那是因為這段時期日本經濟開始進入了緩慢的成長期，已經無法再像以前一樣追趕美國經濟了。

3.6

國內外的利率差異,會產生什麼影響?

資金會從利率較低的國家流向利率較高的國家,因此高利率國家的貨幣會受到購買需求的推動,進而提升該貨幣的價值。

▲ 各國的存款利率為何不盡相同?

世界各國之中有存款利率高的國家,也有利率低的國家,為何會有如此現象呢?原因就在於各國銀行決定存款利率時所適用的「**政策利率**」(**Policy Interest Rate**)不同所致。

所謂的政策利率是指,各國央行出借資金給銀行等金融機構時所採用的利率,由各國央行根據國內的景氣和物價(經濟狀況)而定。銀行則根據這個政策利率,決定銀行對企業和個人的存款和放款利率。

當經濟過熱時,政策利率就會上調,用來抑制高漲的物價(通貨膨脹)和過度的投資。此時,市場會因為利率的上升,貸款負擔增加,而有助於經濟的降溫。

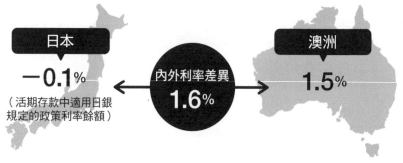

日本國內與外國之間的內外利率差異

日本 −0.1%
（活期存款中適用日銀規定的政策利率餘額）

內外利率差異 1.6%

澳洲 1.5%

※但是，日銀因為實施長短期利率操作（殖利率曲線控制），因此政策利率分為短期和長期兩種。其中，短期利率如上述利率，長期利率則為「10年期公債利率0%左右」。

（2017年12月）

　　相反地，當經濟疲軟時，政府就會調降政策利率，用來抑制可能下跌的物價（通貨緊縮）和促進投資，以期恢復經濟的活力。此時，市場會因為利率的下降，貸款變得較為容易，而有助於經濟復甦。

　　每個國家根據自己的經濟狀況，政策利率自然會有所不同，因此就產生所謂的高存款利率國家和低存款利率國家的區別。這種國內和外國之間的利率差異就稱為「內外利率差異」（Domestic and Foreign Interest Rate Differentials），而各國之間的內外利率差異有時會擴大，有時也會縮小。

　　例如，以2017年12月的政策利率為例，日本的政策利率為–0.1%，而澳洲的政策利率為1.5%，因此日本和澳洲的內外利率差異為1.6%。

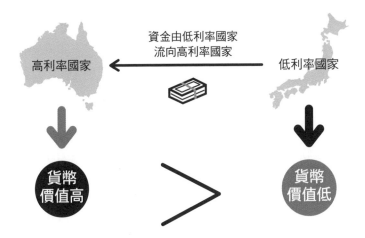

▲ 內外利率差異的擴大導致資金流向高利率國

　　近年來，日本一直保持著超低利率水準。例如，當存款利率為
0.5%的日圓定期存款，遇上了美元定期存款的利率由2%上升至
5%，這時可能就會有許多人想解除一部分的日圓存款轉向美元定
期存款吧。

　　如果真如上述的情況，則賣出日圓、買入美元的需求就會增加，
可能導致匯率趨向日圓貶值、美元升值。

　　事實上，在2007年，相較於日圓定期存款的低利率，澳幣和紐
西蘭幣的高利率定期存款就廣受歡迎。該年10月，日圓的定期存
款（1年）為0.35%，而澳幣的定期存款（1年）為5.3%，紐西蘭幣
（1年）為7%。

由於利率差異實在太大，使得當時許多人趨之若鶩。即使像是家庭主婦這樣的「外幣存款初學者」，也有許多人心想多少也要存一些，而開始了他們的外幣存款投資之路。

在這段時間，外匯市場有何變化呢？2007年1月，當時澳幣兌日圓的匯率大約是1澳幣＝90日圓左右，然而到了10月，澳幣的匯率已經來到1澳幣＝107日圓，與澳幣之間的匯率，日圓貶值了約17日圓。

同時間，2007年1月還是1紐西蘭幣＝80日圓的紐西蘭幣兌日圓匯率，到了7月也來到了97日圓，也貶值了約17日圓。這都是因為澳洲和紐西蘭與日本之間的利率差，造成了日圓貶值和澳幣、紐西蘭幣升值。

因此，當內外利率差擴大時，資金會更容易從低利率的國家流向高利率的國家，成為高利率國家貨幣升值的原因之一。

3.7

通貨膨脹對於匯率有何影響？

通貨膨脹高的國家貨幣價值會呈現下跌趨勢。本節將運用經濟學的「購買力平價理論」來解釋這一現象。

▲ 匯率市場遵循「一物一價」法則

「通膨」是通貨膨脹的簡稱，指的是物價持續上漲的狀態。與之相反的是通貨緊縮，簡稱「通縮」，指的是物價持續下跌的狀態。

物價上漲對一般的家庭可能會使得荷包更加緊縮，對一般人的生活的確會產生各種的影響。而且一般也認為，**通貨膨脹（物價上漲率）** 同時對匯率也會有極大的影響。

通常討論這個主題時，最常使用的是經濟學理論的「**購買力平價理論**」（**Theory of Purchasing Power Parity，PPP**）。所謂「購買力平價理論」簡單地說就是，以「**相同的商品在任何國家，價格都應該相同（一物一價）**」的想法為基準，用來解釋匯率市場的波動理論。

解釋購買力平價理論時，最常使用的例子就是麥當勞的「大麥克」（Big Mac）漢堡。由於大麥克在世界各國的麥當勞均有販售，因此較為容易比較。

例如，一個大麥克在紐約的售價為2美元，在東京為300日圓。如果假設「相同的商品在任何國家，價格都應該相同（一物一價）」這一法則也適用於匯率市場，那麼我們可以得出以下結論：

2美元＝300日圓

因此，美元兌日圓的匯率應該為：

1美元＝150日圓

假設1年後，東京的大麥克價格保持不變，仍為300日圓，但紐約的售價則上漲至3美元。

根據上述相同的看法，我們可以得出以下結論：

3美元＝300日圓

因此，美元兌日圓的適當匯率，則應為：

1美元＝100日圓

▲ 購買力下降導致貨幣價值下跌

假設1年後，與日本相比，美國的物價上漲了，1美元的價值從150日圓下降到100日圓。

換言之，依據購買力平價理論，**通貨膨脹率高的國家，其貨幣的價值將會下降，而通貨膨脹率低的國家，貨幣價值則會上升。**

這裡所謂的購買力指的是貨幣所具備的「**購買力**」。以上面的例子而言，原本在美國2美元1個的大麥克，1年後2美元在日本卻只

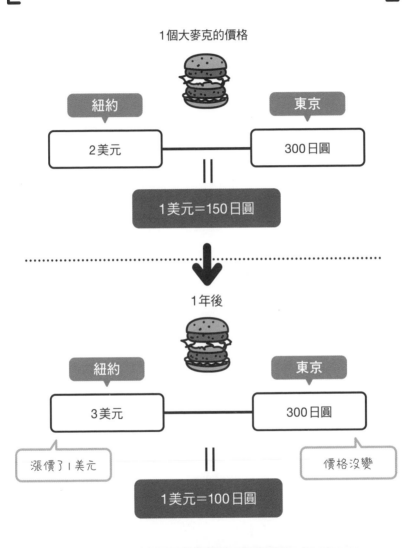

購買力平價理論的匯率概念

1個大麥克的價格

紐約 2美元 ＝ **東京** 300日圓

1美元＝150日圓

1年後

紐約 3美元 ＝ **東京** 300日圓

漲價了1美元

價格沒變

1美元＝100日圓

美國的物價上漲相當於美元的價值下跌，
導致美元貶值、日圓升值！

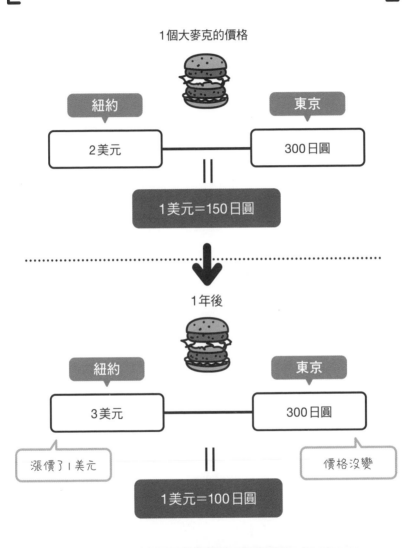

能買到三分之二個大麥克。

　由此可見，相對於低通貨膨脹率國家的貨幣，高通貨膨脹率國家的貨幣由於購買力的下降，導致該國的匯率趨向貶值。

3.8

股市上漲產生的影響？

股市上漲將導致貨幣升值。如果預期日本的股價即將上漲，
海外投資人為了購買日本股票勢必要兌換日圓，將會導致日
圓升值。

▲ 投資人的動向影響外匯市場

股票市場的波動也會影響外匯市場的走向。

首先，如果預期某個國家的股市即將上漲，那麼該國的貨幣價值
可能就會上漲。在3.4節，我們解釋了資金傾向於流入「景氣較好
的國家」，同樣地，也會傾向流入「股價即將上漲的國家」。

假設，在全球一片不景氣的氛圍之中，日本經濟領先各國展現恢
復景氣的跡象，並預期股價即將上漲。如此一來，必將吸引許多抓
準時機想投入日本股市的外國投資人。

此外，日本的投資人也可能撤回在他國的投資資金，轉而投資預
期即將上漲的日本股市。

不管是何種情況，如下圖所示，都將造成兌換日圓的外匯交易增
加。

日本股市上漲與匯率的關係

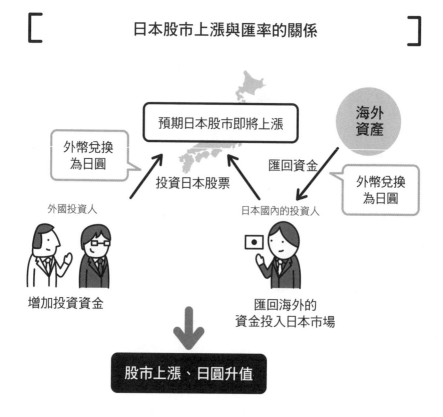

預期日本股市即將上漲

海外資產

外幣兌換為日圓

投資日本股票

匯回資金

外幣兌換為日圓

外國投資人

日本國內的投資人

增加投資資金

匯回海外的資金投入日本市場

股市上漲、日圓升值

● 預期日本股市將上漲→日圓升值

對於外國投資人而言，不僅可以經由股票的上漲取得獲利，還有貨幣升值所帶來的預期的匯差收益。

例如，在 1 美元＝ 120 日圓時，美國的投資人購入了價值 1,200 萬日圓的日本股票（必要資金為 10 萬美元），不久之後，購入的股票上漲至 1,500 萬日圓。

此時，美國投資人如欲將手中的股票賣出並兌換回美元資產時，根據不同的匯率，可以得到不同的匯差收益：

①匯率依然為1美元＝120日圓時：

1,500萬日圓＝12萬5,000美元，因為原始的投入資金為10萬美元，因此獲利金額為：

$$12萬5,000美元－10萬美元＝2萬5,000美元$$

②匯率變成1美元＝100日圓時：

1,500萬日圓＝15萬美元，因為原始的投入資金為10萬美元，因此獲利金額為：

$$15萬美元－10萬美元＝5萬美元$$

由於美元兌日圓的匯率升值了20日圓，因此美國投資人的獲利之中，便增加了2萬5,000美元的匯差收益。

但是，正如我們之前的說明（→3.4節後半），如果日圓升值太快，容易導致日本經濟衰退，進而造成股市的下跌也是常見的現象。

因此，股市的上漲和匯率的上升這樣的組合，還是有一種自然的制約存在。

另外，所謂的「安倍經濟學匯率」，則是同時形成大幅的股市上漲和日圓貶值。

這是因為2013年4月，日銀實施了所謂的「量質兼備的貨幣寬

鬆」政策，也就是非傳統的量化寬鬆政策所致。當時日銀希望藉由大規模且實驗性的貨幣寬鬆政策的推行，促使日圓貶值，外國投資人也希望日本經濟和企業業績因此得到實質的改善，所以一邊大量購入日本股票，同時一邊賣出日圓。

像這樣，股市上漲和日圓貶值同時存在的投資組合（以及相乘效果），就需要另類的資金籌措方式，以因應投入日本股票所需的日圓資金，並且在外匯市場建立賣出所持有的日圓部位。

3.9

有哪些經濟指標最受到關注？

匯率主要受到經濟基本面的影響而波動，投資人通常會參考一些與基本面相關的數據作為投資決策的判斷。

▲ 有數據支撐的經濟局勢較具優勢

如前面幾節所述，匯率受到各國貿易和資本交易量、經濟景氣、經濟成長、內外利率差、通貨膨脹率等因素的影響而產生波動。

以上這些構成經濟基本條件的因素，就稱為「基本面」（Fundamentals），基本面良好的國家，該國的貨幣容易升值，而基本面疲弱的國家，貨幣則會貶值。

因此，想要在外匯市場獲利的投資人，就需要判斷哪個國家的基本面正在提升，哪個國家的基本面趨向惡化。實際上，大多數的投資人都會透過各國的經濟趨勢預測，來預估匯率的走勢。

但是，以上這麼多的因素，就算只是分析自己國家的經濟就已經十分困難了，如果還要研究其他國家的經濟狀況，即使是專業的機構投資人，也是一項艱難的工作，需要耗費大量的體力、時間和成

本。因此，世界各地大多數的投資人並不會身體力行地詳細研究每個國家的經濟狀況，而是參考一些定期公布的「**經濟指標**」（**Economic Indicators**）。

所謂的經濟指標，就是將最新的經濟狀況數值化的指標，根據數據可以很快了解與過去相比有何變化。較具代表性的指標包括GDP成長率、就業人數統計、企業信心指數（Business Confidence Index）、消費者物價指數（Consumer Price Index）、零售業銷貨數據等。

由於大部分的經濟指標是由政府等公共部門所製作及公布，因此調查過程相對較為公平、公正且具有高度的公信力，還有，因為這些公布的指標皆是以明確的數值來表示，因此也較能客觀地掌握經濟的狀況。

由於外匯市場受到主要國家和區域，如美國、歐元區和日本等的基本面影響較大，世界各地的投資人也會特別關注這些國家和區域的經濟指標。當這些指標有重大變化時，外匯市場可能也會因此出現劇烈的波動。

尤其是對於外匯市場具有相當影響力的**外匯投機型**（**Currency Speculation**）的投資人（短期內利用大量的外匯交易追求獲利的投資人，→4.4節），他們可能會根據經濟指標的結果，同時大量地買進或賣出貨幣，因此在指標公布時，外匯市場往往會出現較劇烈的波動。

備受關注的美國經濟指標

▪**就業人數統計（每月第一個星期五公布）**
以下兩項數據是就業人數統計中最受關注的要點

① **非農就業人數**

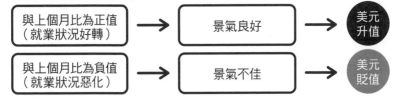

| 與上個月比為正值
（就業狀況好轉） | → | 景氣良好 | → | 美元升值 |
| 與上個月比為負值
（就業狀況惡化） | → | 景氣不佳 | → | 美元貶值 |

② **失業率**

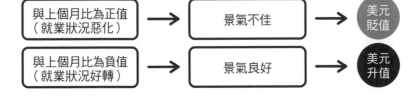

| 與上個月比為正值
（就業狀況惡化） | → | 景氣不佳 | → | 美元貶值 |
| 與上個月比為負值
（就業狀況好轉） | → | 景氣良好 | → | 美元升值 |

▪**ISM製造業指數（每月第一個營業日公布）**
指數50為預測景氣好壞的基準點

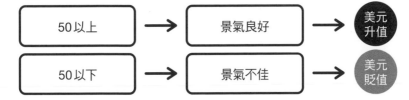

| 50以上 | → | 景氣良好 | → | 美元升值 |
| 50以下 | → | 景氣不佳 | → | 美元貶值 |

▪**零售業銷貨數據（每月中旬公布）**
根據零售業的銷售數據判斷

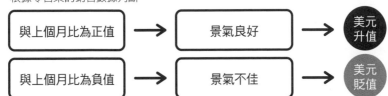

| 與上個月比為正值 | → | 景氣良好 | → | 美元升值 |
| 與上個月比為負值 | → | 景氣不佳 | → | 美元貶值 |

▲ 全球矚目的美國就業人數統計

所謂的經濟指標，單一個國家就有數十種的數據，但到底哪個數據才是最受市場關注的指標，會因當時的經濟環境而有所不同。

目前全球最關注的重要經濟指標應該就是美國的「**就業人數統計**」（**Current Employment Statistics**）和顯示製造業景氣狀況的「**ISM製造業指數**」（**ISM Manufacturing Report on Business**）（見上圖）。

位居全球經濟領導地位的美國，無論是經濟狀況、物價和貨幣政策的變化等，應該都是全球的市場參與者最關注的焦點。

其中，最為關鍵的指標即是與就業相關的「**非農就業人數**」（**Nonfarm Payroll Employment**）和「**失業率**」（**Unemployment Rate**）。最近，即使連「每小時的時薪」也都受到相當的關注。

以非農就業人數而言，實際公布的月增減人數與市場預期相比的結果，都可能對美元的走勢造成影響，若是結果優於預期，可能導致美元升值，若結果不如預期，則可能導致美元貶值。

公布的經濟指標對匯率的影響程度，不僅僅取決於前次的數據，還取決於市場流傳的報章新聞的事前預測與實際數據之間的差異。

例如，2017年8月的非農就業人數，市場預期可能會「增加18萬人」，結果實際出來僅「增加15.6萬人」，雖然還是增加但低於市場預期（公布於同年9月1日）。

市場由於實際數據的公布，當時原本1美元＝110日圓左右的匯率，瞬間美元匯率跌破110日圓，甚至一度來到109日圓左右價

備受矚目的日本經濟指標

▪ **日銀短觀（每年4、7、10月的上旬及12月中旬公布）**
顯示大企業、製造業等的信心指標，以下為關注重點

擴散指數（DI）

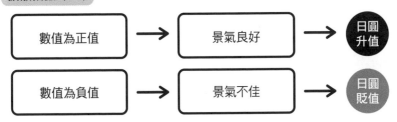

▪ **礦工業生產指數（每月下旬公布）**
顯示製造業等的生產活動狀況

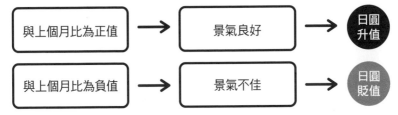

▪ **實質GDP第一次速報（每年2、5、8、11月中旬公布）**
顯示日本整體經濟的最新狀況

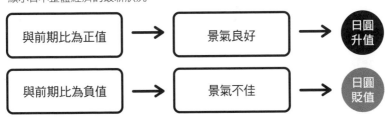

位，造成急遽日圓升值、美元貶值現象。主要是因為外匯投機型的投資人紛紛行動，觸發了美元的賣壓形成美元迅速下跌的現象。

▲「日銀短觀」是日本經濟動向的先行指標

日本的重要經濟指標包括，以問卷調查方式收集數據資訊，在海外以「TANKAN」之名廣受歡迎及備受矚目的「日銀短觀」、反映礦業和製造業活動現狀的「礦工業生產指數」、判斷日本經濟好壞的「實質GDP第一次速報」等（參見上圖），都是受到日本國內外高度矚目的經濟指標。

「日銀短觀」是日銀所做的日本「全國企業短期經濟觀測調查」的問卷調查。問卷對象涵蓋了日本大型、中小型的製造業和非製造業，調查的企業數量超過一萬家以上。調查時間為每年的3月、6月、9月和12月實施，1年4次。

調查項目繁多，其中最具代表性的是所謂的「擴散指數」（Diffusion Index，DI）。如果該指數為正值，表示經濟呈現成長現象，可能造成日圓升值；如果該指數為負值，顯示經濟成長即將消退，也可能成為日圓貶值的因素。

根據2017年12月的日銀短觀調查，顯示大型製造業的擴散指數（DI）為＋25，比前一次的9月調查提升了3點（同年12月15日公布）。已是連續5個季度呈現正值，也是2006年12月以來11年間的最好數值。市場普遍認為日本國內外經濟的穩定成長，是促使擴散指數改善的主因。

▲ 歐元區最關注的是德國企業信心指數

接下來，我們介紹有關歐元區的經濟指標。

歐元區指的是歐盟28個成員國中採用歐元作為官方貨幣的19個國家[1]（截至2017年12月）（→6.1節）。由於組成的會員國眾多，涉及多個國家的經濟狀況，因此想要快速掌握整體歐元區的經濟狀況其實並非易事。

目前市場最受關注的指標有：①**歐元區製造業及服務業採購經理人指數（PMI）**、②**歐元區HICP（消費者物價調和指數）**、③**德國IFO商業景氣指數**等。

所謂的PMI採購經理人指數（Purchasing Managers' Index，PMI）是由民間機構Markit公司所調查公布，數據資訊包括速報數據和最終確定數據，公布國家數據有德國、法國、義大利、西班牙等。其他還公布如美國、英國、日本等國的相關參考數據。當PMI超過50時，即被視為經濟正往好的方向發展，該國的貨幣也可能更容易受到買入。

HICP（Harmonized Index of Consumer Prices）指的是歐元區的消費者物價指數（CPI）。由於歐洲央行的貨幣政策非常重視物價的穩定，因此由歐盟統計局所公布的數據，不僅有HICP的速報數據，之後還會公布修正數據。如果HICP上升則可能造成歐元的升值，下降則可能成為歐元貶值的因素。

---

1 由於2020年1月英國脫歐，因此目前歐盟只有27個成員國。克羅埃西亞已於2023年1月加入歐元區，成為歐元區第20國。

備受矚目的歐元區經濟指標

▪ 歐元區 PMI（速報值每月下旬公布、最終確定值每月上旬公布）
顯示製造業及服務業的企業實況

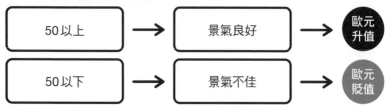

| 50以上 | → | 景氣良好 | → | 歐元升值 |
| 50以下 | → | 景氣不佳 | → | 歐元貶值 |

▪ 歐元區 HICP（速報值每月月末、修正值每月中旬公布）
顯示消費者物價波動

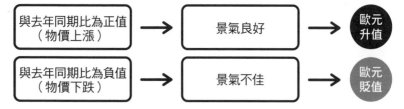

| 與去年同期比為正值（物價上漲） | → | 景氣良好 | → | 歐元升值 |
| 與去年同期比為負值（物價下跌） | → | 景氣不佳 | → | 歐元貶值 |

▪ 德國 IFO 商業景氣指數（每月下旬公布）
顯示德國企業的景氣信心。以2000年的指數值100為基準。

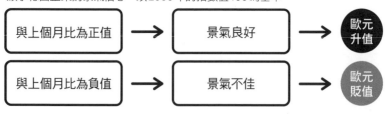

| 與上個月比為正值 | → | 景氣良好 | → | 歐元升值 |
| 與上個月比為負值 | → | 景氣不佳 | → | 歐元貶值 |

　　IFO[2] 商業景氣指數（IFO Business Climate Index）指的是針對德

---

2 IFO：德國的經濟智囊機構。I為Information的首字母縮寫，FO為德文
　Forschung，為Research之意。

國企業的景氣信心所做的調查指標。該指數以 2000 年的指數值 100 為基準，計算方式為與前一個月相比，如果數值為正，則意味著歐元可能走強，如果數值為負，則意味著歐元可能貶值。在 IFO 商業景氣指數公布的前一週，還有一項稱為「ZEW[3] 經濟景氣指數」（ZEW Economic Sentiment Index）的指標，一向被視為是 IFO 商業景氣指數的先行指標，同樣也相當受到關注。

---

3 ZEW：是歐洲領先的經濟研究機構之一，位於德國曼海姆（Mannheim），全名為 The ZEW Center for European Economic Research，簡稱 ZEW。

3.10

匯率的波動因時間和季節而不同

外匯市場的交易量在一天的不同時段和一年的不同時節都有不同的波動。本節我們將以每日、每月和每年為單位，觀察外匯市場的變化。

▲ 外匯市場最大交易量的時間是？

就像午餐時間餐廳擁擠，天氣熱時冰店生意特別好一樣，外匯市場的交易量也會因時間和季節的因素而有巨大的變化。以下我們就針對每日、每月和每年的時間區分，觀察外匯市場的變化。

①1日：日本時間的深夜，交易量增加，清晨時段，交易量遞減

日本的外匯市場，1天之中交易量最大的時段應該是日本時間的晚上21點左右～隔日凌晨2點左右。在這個時段，不但有歐洲地區的銀行參與，還有美國的銀行加入，市場會突然變得非常熱鬧。

此外，市場高度關注的美國經濟指標（→3.9節）通常也在這個時間公布。隨著交易量的增加，大口的交易筆數也會增加，因此這個時段的匯率波動會比較劇烈。

相反的，交易量相對較少的時間，則是日本時間的清晨到東京市場開盤前的這段時間。此時，美國地區的銀行已經下班退出交易，新加入的參與者只剩下雪梨市場的澳洲和紐西蘭等大洋洲地區的市場。

②1個月：每個月的第5天、第10天和月底，交易量會增加

每個月的第5日和第10日（5‧10日[4]）以及月底，因為企業的進出口結算增加，外匯的買單一般都會有增加傾向，所以可能導致日圓貶值的走勢。

③1年：交易量受假期和企業財報月份的影響較大

‧2～3月：日圓趨向升值

因為日本的會計年度屬於4月制，所以許多日本企業會選在財報結算之前，將海外子公司和海外分支機構的獲利匯回日本國內（資金回流），如此一來外匯市場就會變得較為活絡。因此這個時期，日本企業更多是傾向賣出當地的貨幣、買入日圓的操作。

‧4～5月：日圓趨向貶值

會計年度結算後，日本企業又開始新年度的買賣交易，此時對美元的需求又再度增加。同樣地，結算後的機構投資人又會開始大量的投入海外的股票和債券等市場，導致日圓趨向貶值走勢。

---

4 所謂「5‧10日」（日原文：ゴトウ日，Go Tō Bi）是指每個月逢5、10的日期，如5、10、15、20、25、30等日。日本大部分的企業資金結算大多集中在這幾日，因此美元的實質需求較多。

- 8月：交易量減少

此時正逢日本的盂蘭盆節[5]連休假期，而歐美國家也進入夏季的休假，市場交易量減少，市場趨於平穩。

- 11月：美元趨向升值、歐元也趨向升值

歐美企業的會計年度都是1月制，所以通常每年12月的會計結算之前，海外資金匯回本國（資金回流）的交易增加。因需將海外的資金匯回本國，並兌換回美元或歐元，所以往往導致美元升值和歐元升值。

- 12月：交易量減少

時序進入一年的年終歲末，12月由於歐美國家聖誕假期的影響，交易量驟減。此外，12月還是外國企業的會計結算月份，一般都不喜歡在結算前產生較大的損益變化，因此也比較傾向減少交易。市場因而變得較為穩定，波動也較小。

---

5 盂蘭盆節：是日本傳統追思祖先的重大節日，時間通常落在每年的8月13～16日前後的一個星期，雖然非國定假日，但是除了政府及金融機構外，多數的公司行號都會放假。需要上班的金融機構等，員工也會在這段時間輪流休假。

Part 4

深入探討匯率變動與經濟的關係

4.1
日圓的升貶取決於日圓、美元、歐元之間的力量關係

外匯市場的交易，美元、歐元和日圓幾乎就占了市場絕大部分的交易比重。美國還曾因為政策和政府的運作混亂導致美元大貶。

▲ 美元、歐元和日圓占據了外匯市場大部分的交易比重

如果要列舉世界的三大貨幣，首先必定是關鍵貨幣的美元，接下來便是歐元和日圓了。

從下圖的「外匯市場（銀行同業市場）中各種幣別的交易占比」可以看出，**這三種貨幣的總交易額約占整體的70%**。即使是與3年前相比，情況也沒有太大的改變。

因此，我們可以確定除了這3種貨幣之外的其他貨幣對於外匯市場的影響，似乎起不了太大的作用，所以日圓的升值、貶值，美元的升值、貶值，歐元的升值、貶值可以說主要還是取決於這3種貨幣之間的力量角力。

例如，「日圓升值」便意味著美元和歐元被拋售，日圓處於強力買進的狀況。此時貨幣之間的力量關係為「日圓＞美元、歐元」。

外匯市場中各種幣別的交易占比

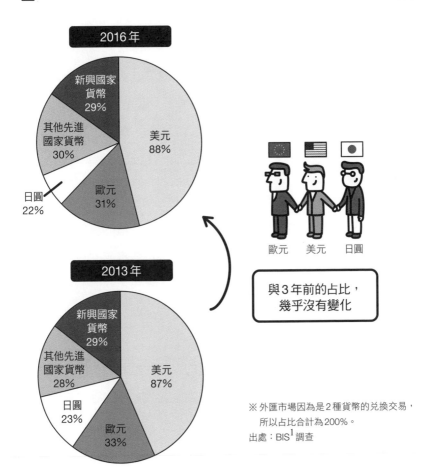

2016年

新興國家
貨幣
29%

其他先進
國家貨幣
30%

日圓
22%

歐元
31%

美元
88%

歐元　美元　日圓

與3年前的占比，
幾乎沒有變化

2013年

新興國家
貨幣
29%

其他先進
國家貨幣
28%

日圓
23%

歐元
33%

美元
87%

※ 外匯市場因為是2種貨幣的兌換交易，
　 所以占比合計為200%。

出處：BIS[1] 調查

---

1 BIS：國際清算銀行（Bank for International Settlements，縮寫為BIS）。

▲ 美國經濟的高度成長，升值的卻是日圓的原因？

以下我們來看一看在一定的期間內，日圓、美元和歐元這3者之間的力量關係。下圖所顯示的是2017年1月～8月底的匯率波動。從這張圖可以看出，這段時間市場主要趨勢為「美元兌日圓匯率：日圓升值、美元貶值」、「歐元兌日圓匯率：歐元升值、日圓貶值」和「歐元兌美元匯率：歐元升值、美元貶值」。由此，我們可以得出這段時間這3種貨幣之間的力量關係為：「歐元＞日圓＞美元」。

2017年的美國經濟在外界一致看好的景氣好轉聲中，同年7～8月的美元兌日圓匯率卻是呈現日圓升值、美元貶值的現象，而造成美元貶值的主因，約可歸因於以下幾點：①川普總統的長子與俄羅斯律師接觸的醜聞報導、②美國經濟指標（零售和物價）未達市場預期，引發外界對通貨膨脹和升息的不確定存疑、③川普政府的政策執行能力受到質疑等。

儘管美國經濟相較於日本、歐元區的表現相對穩健，但美國的政策和政府運作的混亂以及川普總統的過激言論，終究導致美元的貶值。

此外，還有頻繁的導彈發射所引發的朝鮮半島緊張局勢，也成了日圓升值的原因。日本身處於朝鮮半島的危險之中，為何日圓仍然受到買盤的追捧呢？

主要原因是，市場的參與者普遍認為「日圓」還是相對比較安全的資產。作為全球最大的對外淨資產國家，日本的日圓在全世界還是擁有較高的信用度，並且具備易於兌換的流動性。當然，還有機

歐元相對於日圓和美元，呈現較強走勢

※編者、作者根據日銀資料編製

▪ **美元兌日圓的匯率走勢**

（日圓／美元）

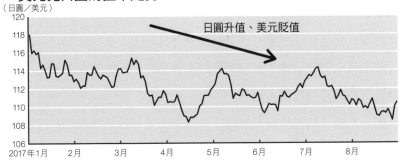

日圓升值、美元貶值

▪ **歐元兌日圓的匯率走勢**

（日圓／歐元）

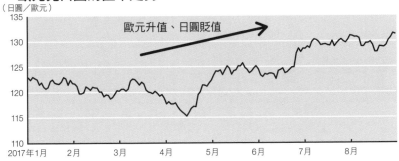

歐元升值、日圓貶值

▪ **歐元兌美元的匯率走勢**

（美元／歐元）

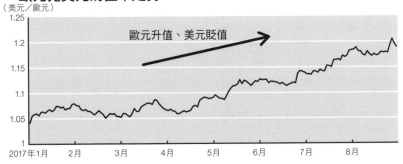

歐元升值、美元貶值

構投資人預測日圓的市場走勢並判斷買入日圓可能獲取匯差收益，都成為日圓升值的因素。

此外，促使日圓快速升值還有另一個原因，就是日本的超低利率政策所引發的「日圓利差交易」的出場。詳細說明請參見第7.2節。

而歐元兌日圓的匯率，因為歐洲央行（ECB）預計在2018～2019年結束量化寬鬆政策，而日銀卻持續實施非傳統的寬鬆政策，這也是導致歐元升值的重要因素。

另一方面，歐元兌美元的匯率，就像上述所提的美國的政策和政府運作混亂以及川普總統的激進言論等，一點一滴就成了美元貶值和歐元升值的因素。

4.2

匯率的波動足以左右日本股市

日圓升值對於外國投資人而言，因為可以帶來匯差收益，所以會增加對日本股市的投資。但是日圓升值，對出口相關的企業股價也會產生負面影響。

▲ 日圓升值帶動外國投資人購買日本股票

在3.8節，我們說明了如果預期一個國家的股市可能上漲時，該國的貨幣價值也會跟著上漲的規律。當預期日本股票可能上漲時，來自外國的投資會變得比較活絡，因此對日圓的需求就會增加。

換言之，我們似乎可以得出「日本股票上漲＝日圓升值」的公式，但實際的匯率和日本股市之間的關係是否真是如此？

下圖所顯示的是美元兌日圓匯率和東證股價指數（Tokyo Stock Price Index，TOPIX）走勢的比較圖。TOPIX是東京證券交易所一部根據所有上市股票的價格加權計算所得出的指數，反映了整個東京證券交易所一部的上市股票股價的平均波動。

由圖中可看出，這兩者之間有時呈現相似的走勢，但有時也未必

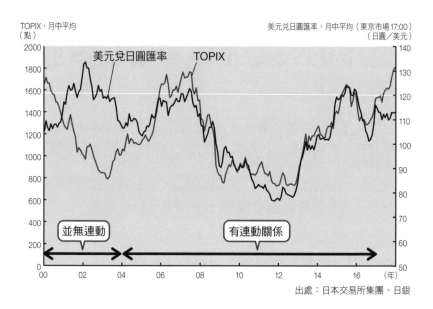

美元兌日圓匯率與TOPIX的走勢關係圖

TOPIX，月中平均
（點）

美元兌日圓匯率，月中平均（東京市場17:00）
（日圓／美元）

美元兌日圓匯率　　TOPIX

並無連動　　有連動關係

出處：日本交易所集團、日銀

如此，並非一定保持相同的趨勢。

這是因為，會影響外匯市場的因素並不僅限於股票市場，還受到國家經濟、利率、貿易餘額、物價等多種原因的影響。

但是，對於外國投資人，尤其是來自美國和歐洲等地的海外退休基金、投資信託等的機構投資人而言，匯率和日本股市的動向是影響投資判斷的重要因素。

這是因為，匯率的波動對於外國投資人的收益，影響甚為巨大。這些投資人通常所採取的考量可歸納如下：

> - 假如日圓持續升值，便可謀求匯差收益→考慮買進日本股票
> - 假如日圓持續貶值，將會產生匯差損失→考慮賣出日本股票

外國投資人在日本股市的交易金額大約占整個市場的70%（參見下圖）。如果他們都按照上述的思考模式同時買進或賣出日本股票，對外匯市場絕對會造成巨大的波動。但是，後面的章節我們還會再說明，事實上，還是有為數不少的外國投資人所根據的觀點可能是：「如果日圓升值，代表公司業績可能下滑，反而會考慮賣出日本股票」（→3.8節）。此外，是否為了匯率的避險而投資日本股市，或者是否以美元或歐元為基礎來預測日經指數的趨勢（例如，預期日本股市的上漲而買進日股，可能導致日圓升值）等等，都會影響投資行為。

▲ 日圓升值對出口導向型企業股票不利，對內需型企業的股票有利

關於外匯市場和日本股市之間的連動性，筆者想再多做一些說明。一是有一點非常明確的是，日本基本上是一個貿易順差國家，擁有較多的出口導向型企業，所以「日圓升值」對整個股市絕對會產生極大的影響。

在第1.5節我們曾提過，出口導向型企業也可能會因為日圓的升值，造成業績的惡化。譬如，只要美元兌日圓的匯率升值1日圓，據豐田汽車的估計，該公司將損失400億日圓的營業收益，本田汽

車將損失140億日圓的營業收益。

因此，當日圓升值時，出口比重較高的企業股票更容易被拋售，進而可能引起一系列的連鎖效應。

日圓升值→出口比重較高的企業股票下跌→對整體日本股市造成負面影響

實際上也是如此，2008年後半，當時的全球經濟進入衰退，出口導向型的企業就因海外訂單大幅減少和日圓升值的原因而遭受了巨大損失。

2008年6月～2009年3月，當時的TOPIX指數就從1,400點直接下殺到700點以下，出現了所謂「日圓升值所帶來的負面連鎖衝擊」。

日圓升值對於仰賴出口的企業來說，實在是個非常嚴峻的經營環境，但對於內需型的企業來說，由於進口產品和原物料成本的下降，算是一種可喜的現象。

例如，我們以2009年3月的會計年度結算來看，因為受到日圓升值的影響，日本的10家電力公司和東京瓦斯等由於進口成本的降低，使得獲利大增，業績表現大好。

還有，日本最大的家具和室內裝潢設計銷售零售商宜得利（NITORI，東證一部上市），產品大多由亞洲各國進口，據說只要美元兌日圓匯率升值1日圓，營業利潤就會增加17億日圓。

另外，鞋類專賣店的ＡＢＣ Mart（東證一部），自家產品也是幾

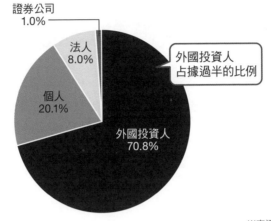

日本股市的股票交易金額占比

證券公司
1.0%

法人
8.0%

個人
20.1%

外國投資人
70.8%

外國投資人
占據過半的比例

※東證一部

出處：東京證券交易所「投資部門別股票買賣狀況」2017年12月（12月4日～12月29日）

乎都在國外生產製造，而且大多採用美元交易，因此日圓升值、美元貶值都有助於採購成本的控制。

　　根據以上的例子，我們可以了解，當日圓升值時，日本的進口商品和原物料價格會變得較便宜，相關企業的營收獲利也會跟著提升，當然也有企業會因此而帶動股價的上漲。

4.3
美元貶值帶動黃金價格的上漲

黃金一向被視為安全的資產,當貨幣信用下降時很容易成為資產的避難所。所以當美元貶值,金價自然上漲,美元升值,金價則會下跌。

▲ 作為實體資產的黃金價值正在攀升

美元被視為世界的通用貨幣,而黃金則被視為「**世界通用的實體資產**」。黃金的價格在世界各國的市場都是公正定價,在世界的任何地方,隨時都可以按照當日的市場價格兌換現金,這也是黃金的魅力所在。

這樣的黃金也與外匯一樣,每天都有頻繁的交易,黃金的價格也跟匯率一樣,每天都有波動。

國際的黃金價格一般是以1金衡盎司(troy ounce,約31.1公克,以下簡稱為「盎司」)[2]的美元價格為單位表示。

---

2 一般的盎司(ounce)指的是英制單位的重量衡量單位,此時的1 ounce＝約28.3495公克。但衡量貴金屬所使用的盎司(ounce),正式名稱應為「金衡盎司」(troy ounce),約為31.1035公克,但也時常簡稱為「盎司」。

1980年1月黃金價格為1盎司＝850美元，之後，黃金就進入了長期的下跌走勢，直至1999年7月來到1盎司＝253美元的最低價格。

此後，經過了2001年的美國IT產業泡沫破滅，同年，美國同時遭受了多起的恐怖攻擊後，黃金價格開始反轉上漲。

首先我們必須了解的是，黃金本身就是有價值的實體資產，因此不像企業所發行的股票或債券，可能因為企業破產而一夕就成為無用的「壁紙」，所以黃金不存在所謂的「信用風險」。

換言之，黃金的價值永遠不會歸零，所以當政治和經濟處於不穩定時期，買入黃金的人會增加，黃金的價格也會隨之上漲。

此外，隨著市場出現所謂的黃金投資型信託基金的「黃金ETF」（股票上市基金）、再加上中國和印度等新興國家的經濟崛起，帶動了黃金的需求與日俱增。在這樣的背景下，2008年初，黃金的價格刷新了1980年以來的最高價格1盎司＝850美元。

之後，因為美國大型投資銀行雷曼兄弟的破產，引發了全球的金融危機，以及希臘的財政不安引起歐洲的債務危機等原因，導致金價不斷受到推升並且持續上漲。

再加上，2011年之後美國經濟陷入嚴重衰退，同年8月美國聯準會（Fed）宣布，直到2013年年中將持續實施「超低利率政策」。同時，信用評等機構標準普爾（S&P）也宣布降低美國公債的評級，更加劇了對美元的不信任，又再度推升了黃金的強烈買氣。

由於上述的種種因素，國際黃金價格在2011年9月6日達到了史

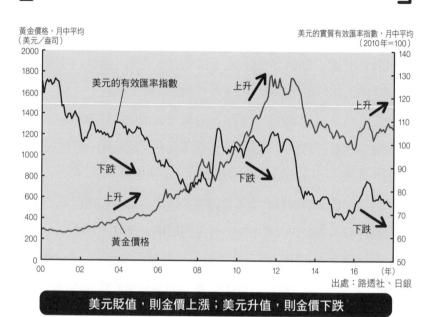

黃金價格與美元的有效匯率指數呈現反方向波動

黃金價格,月中平均
(美元/盎司)

美元的實質有效匯率指數,月中平均
(2010年=100)

美元的有效匯率指數

上升

上升

下跌

上升

下跌

下跌

黃金價格

出處:路透社、日銀

美元貶值,則金價上漲;美元升值,則金價下跌

上最高點[3],1盎司 = 1,923美元。日本國內的黃金價格也在2013年2月刷新了33年來的紀錄,創下每公克超過5,000日圓的歷史新高。

▲ 黃金價格的上漲受到對美元的不信任所影響

由以上敘述可知,黃金價格的上漲主要是受到「對美元的不信任」的影響。

---

3 本書完稿於2017年,2011年的1盎司 = 1,923美元為當時的歷史高點。但是,之後黃金價格還有多次突破,如:2020年8月的1盎司 = 2,075美元;2022年3月的1盎司 = 2,070美元;2023年5月的1盎司 = 2,081美元。

一般來說，美元匯率和黃金價格的關係通常是呈現以下的負相關：

> • 美元貶值→黃金價格上漲
> • 美元升值→黃金價格下跌

上圖比較了「美元的有效匯率指數」（經過物價調整的實質基礎）和黃金價格在整個外匯市場的強弱關係。

美元的有效匯率指數是一個匯總了美元與多個主要貨幣，如美元兌歐元、美元兌日圓等交叉匯率所形成的指數，數字越高表示美元越強勢。透過此圖，我們可以清楚明瞭如前所述，美元的有效匯率指數和黃金價格之間存在負相關的關係。

在日本，黃金的價格是根據國際價格（美元計價）換算成每公克的日圓價格，然後加上銷售公司的成本。

換言之，黃金價格實際上是以美元計價，因此當日圓升值、美元貶值時，日本國內的金價會下跌，而當日圓貶值、美元升值時，金價則會上漲。所以如果想購買黃金，那麼選擇日圓升值時為佳，想賣出黃金的話，則應該選擇日圓貶值時會是比較好的時機。

4.4

投資資金也會影響外匯市場的波動

外匯市場的投資人可分為實際需求型和外匯投機型，其中外匯投機型就占了市場八成的交易量，擁有絕對的影響力。

▲「實際需求型」和「外匯投機型」的區別？

外匯市場的舞台上，主要的參與者可分為「實際需求型」（Actual Demand）和「外匯投機型」（Currency Speculation）兩種。

①實際需求型

實際需求型的外匯交易參與者，指的就是之前曾提過的實際參與實體經濟活動，有實際外匯需求的參與者，其中最具代表性的是從事國際貿易買賣的貿易公司。從事進出口貿易的貿易公司、拓展海外業務的跨國企業、以及像我們為了出國旅遊必須將日圓兌換成外幣的個人消費者，都屬於這類型的外匯需求者。

②外匯投機型

無關經濟活動，僅是為了獲取匯差收益而進行短期的外匯交易操

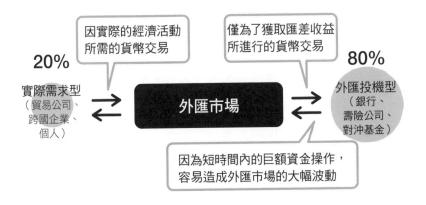

實際需求型與外匯投機型的資金流量

20%

因實際的經濟活動
所需的貨幣交易

實際需求型
（貿易公司、
跨國企業、
個人）

外匯市場

僅為了獲取匯差收益
所進行的貨幣交易

80%

外匯投機型
（銀行、
壽險公司、
對沖基金）

因為短時間內的巨額資金操作，
容易造成外匯市場的大幅波動

作，我們會稱為「投機」交易，而從事此類交易的參與者就稱為
「外匯投機型」的市場參與者。銀行、壽險公司、對沖基金等都屬
於這類的投資者。

近年非常流行的「外匯保證金交易」（FX），是一種個人也可以
輕鬆上手的貨幣投資型的金融商品，也屬於外匯投機型的一種。

「投機」一詞總是讓人有取巧、無法信任的感覺，所以通常大多
只會用於對沖基金等的少數投資人。至於銀行和壽險公司等機構投
資人（→5.2節）因為也是屬於以操作巨額資金為主的投資者，而
且它們在外匯市場的交易行為基本上與「投機型」投資並無差異，
所以也屬於外匯投機型的投資人。例如，銀行除了接受客戶的外幣
買賣委託之外，也會利用自身所擁有的資金進行外匯操作和資金的
運用。

在銀行專門從事外匯交易的人員，我們稱為「**外匯交易員**」

（**Foreign Exchange Dealer**），他們每天在外匯市場的交易都是動輒數億起跳的金額。

▲ 為追求匯差收益，不惜短時間內投入大量資金

外匯市場時時都在吸收大量的資金流入。根據統計，流入外匯市場的資金，**實際需求型與外匯投機型的比例大約為2：8**，顯示投機型的資金具有壓倒性的影響力。

外匯投機型的資金追求的就是匯差收益，所以經常會在很短時間內，將大量的資金由一種貨幣轉移至另一種貨幣，是造成外匯市場波動的一個很大原因。外匯市場在短時間內的大幅波動，往往是因為投機型資金對於市場消息的敏銳反應，還有不斷地反覆頻繁的交易所導致。

4.5

中國經濟和人民幣所面臨的問題

在美國的要求下，中國調升了人民幣的匯率。現在的中國已經是全球GDP排名第二位和全球外匯存底最多的國家，所以也面臨必須轉向浮動匯率制的壓力。

▲ 高度的經濟成長推動人民幣的快速升值

日本在1957～1972年之間進入國家經濟的高度成長期，平均GDP的年成長率更高達9.5%，結果就是日圓價值的不斷上升，並於1973年轉向採用浮動匯率制。而中國近年也面臨與當年日本相似的狀況，中國也是保持高度的GDP年成長率（參見下圖）。

中國過去也曾經採用固定匯率制，當時人民幣的匯率固定為1美元＝8.28人民幣。這種將美元與本國貨幣連動並固定住匯率的制度稱為「美元掛鉤的固定匯率制」（**Dollar-Pegged System**）。

之後，在2005年7月21日，中國轉向採用所謂的「**有管理的浮動匯率制**」（**Managed Floating Exchange Rate System**），主要是透過市場干預的方式，將匯率的波動控制在一定的範圍之內。最開始

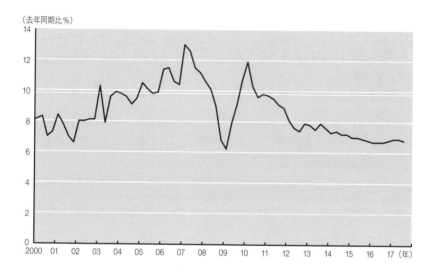

中國的實質GDP年成長率走勢

（去年同期比%）

的基準匯率設定為1美元＝8.11人民幣，比之前的固定匯率大約提高了2%，並且將匯率波動的幅度限制在上下0.3%的範圍之內。而每日的新基準匯率則由其中央銀行——中國人民銀行公布實施。

在此同時，中國還引入了主要貨幣，如美元和歐元等作為參考指標的「一籃子貨幣」（Currency Basket）。所謂的一籃子貨幣是指，將數種主要貨幣組合在一個籃子，並以該籃子的匯率作為連動本國貨幣的基礎。中國還會根據與其他國家之間的貿易重要性來決定每種貨幣在籃子中的權重，進而建構這個貨幣籃子的組合。

相對於僅與美元等的單一貨幣連動，據說使用一籃子貨幣的匯率制度更能夠穩定匯率，但中國也僅是參考一籃子貨幣的匯率制度，並未完全轉向採用這個制度。

隨後，中國在對美元的匯率波動上也逐漸放寬，2007年5月擴大至每日上下0.5%的波動幅度、2012年4月擴大至每日1%、2014年3月則再進一步擴大至每日2%。

▲ 人民幣採用浮動匯率制的日子即將到來

中國決定調升人民幣的原因，主要還是由於美國對中貿易有龐大貿易逆差，美國強烈要求人民幣匯率的調升。

美國的貿易往來國家之中，其中以對中國的貿易逆差最為龐大。2016年美國的貿易逆差總額為7,343億美元，其中對中國的貿易逆差就占了47%，相當於3,470億美元。相較之下，對日本的貿易逆差金額僅為689億美元，約為對中國逆差金額的五分之一。

隨著中國經濟實力的日益成長，中國仰仗著人民幣貶值、美元升值的優勢，大量向美國出口廉價的中國產品，因此也就產生了類似過去日美貿易摩擦的現象。

目前中國的GDP已是全球第二位，外匯存底也躍居世界第一（截至2017年11月底約為3兆1,192億美元）。固定匯率制原本是支撐開發中國家經濟活動的一種制度，因此當國家發展達到一定程度的經濟實力時，世界其他國家也會認為應該將匯率制度改為浮動匯率制。

中國為了使人民幣達到與其經濟實力相符，勢必還是需要效法其他先進國家一樣採用浮動匯率制。

預計將來中國應該還是會採行漸進式的人民幣誘導升值策略，最

中國貨幣制度的轉型與人民幣匯率

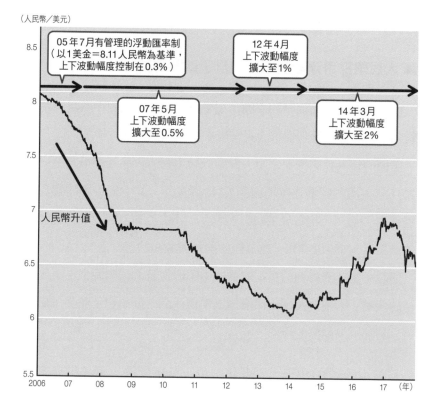

（人民幣／美元）

05年7月有管理的浮動匯率制
（以1美金＝8.11人民幣為基準，
上下波動幅度控制在0.3%）

12年4月
上下波動幅度
擴大至1%

07年5月
上下波動幅度
擴大至0.5%

14年3月
上下波動幅度
擴大至2%

人民幣升值

2006　07　08　09　10　11　12　13　14　15　16　17　（年）

終走向完全的浮動匯率制。

▲ 外匯存底持續減少所隱藏的風險

　　但是，以目前的情況來看，一般認為如果人民幣改採浮動匯率制，很可能導致人民幣大幅貶值，執行上還是有許多顧慮。隨著中國經濟成長的減緩、人民幣可能貶值的預期心理之下，很容易造成

資金的急速外流（本國資金流向他國），還有預期美國的持續升息，更會加速人民幣的貶值趨勢。因此，中國當局為了避免人民幣的大幅貶值，應該還是會繼續抱持謹慎的態度。

此外，中國為了抑制2015年後半以來的人民幣貶值、美元升值的狀況，中國當局一直不斷地進行市場干預（賣出美元購入人民幣的交易），造成進場干預資金的外匯存底銳減，也帶來某種程度的風險。

中國的外匯存底於2016年底約為3兆297億美元，相較於2014年6月歷史高峰的3兆9,932億美元，減少了約1兆美元。外界一度對不斷減少的外匯存底表示擔憂，萬一跌破了3兆美元，可能就會低於適當的水位。但隨後中國當局透過外匯管制等措施，中國的外匯存底又慢慢逐步增加。

4.6

企業可藉由預約匯率進行避險

對於進出口企業而言，因為存在匯率波動的風險，因此通常會與銀行簽訂匯率的預約合約，決定未來的貨幣匯率，用以確定將來的應收款或應付款的本國貨幣金額。

▲ 利用遠期匯率確定日後應收付的款項金額

貿易交易從合約的簽訂到款項的收付通常都需要數個月的時間。這段期間的匯率波動可能對貿易的收益帶來重大風險。

因此，許多進出口企業就會利用預約未來匯率的「**遠期外匯合約**」（**Forward Exchange Agreement**）作為匯率波動的避險工具。一般可以跟銀行簽訂這樣的遠期外匯合約。

所謂的遠期外匯是指在未來3個月後或6個月後的特定時間，以事先約定的匯率進行外幣的買賣。

相對於稱為「**即期匯率**」（**Spot Rate**）的現貨交易匯率，預約的匯率則稱為「**遠期匯率**」（**Forward Rate**）。

預約匯率如為美元時，還分為「預購美元遠期外匯」和「預售美元遠期外匯」。

預購美元遠期外匯的機制

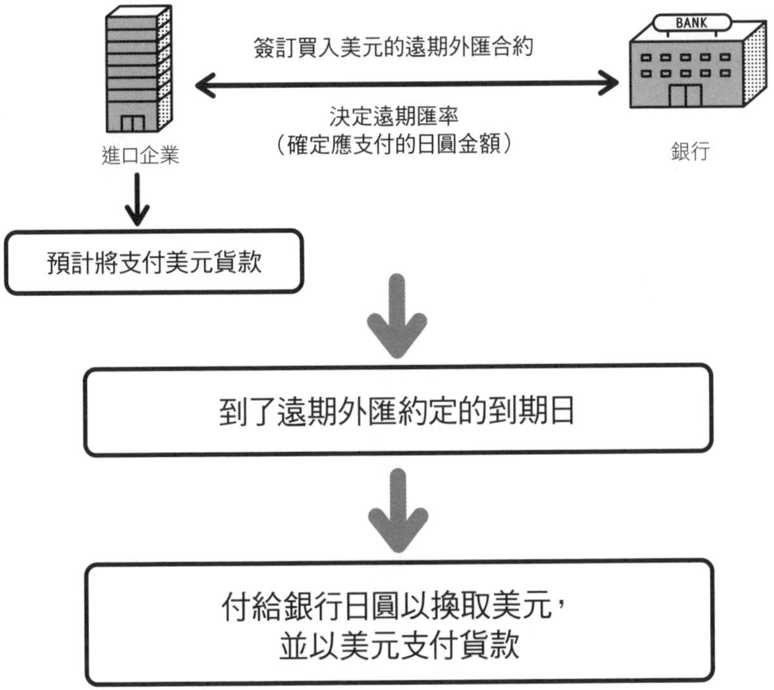

簽訂買入美元的遠期外匯合約

決定遠期匯率
（確定應支付的日圓金額）

進口企業

銀行

預計將支付美元貨款

到了遠期外匯約定的到期日

付給銀行日圓以換取美元，
並以美元支付貨款

①預購美元遠期外匯

如圖所示，進口企業如果數個月後必須支付美元貨款，此時便可使用「預購美元遠期外匯」來確定之後應付的美元貨款所需兌換的日圓金額。配合美元貨款的支付日期先行預約美元的買入匯率，即可避免匯率波動所帶來的風險。

②預售美元遠期外匯

如下圖所示，出口企業如果在數個月後可能收到美元貨款，此時

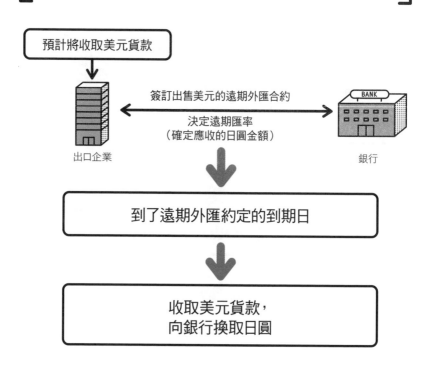

預售美元遠期外匯的機制

預計將收取美元貨款

簽訂出售美元的遠期外匯合約

決定遠期匯率
（確定應收的日圓金額）

出口企業

BANK

銀行

到了遠期外匯約定的到期日

收取美元貨款，
向銀行換取日圓

便可使用「預售美元遠期外匯」來確定應收的美元貨款可兌換的日圓金額。配合美元的應收貨款日期先行預約美元的賣出匯率，即可避免匯率波動所帶來的風險。

但是，一旦企業與銀行簽訂了遠期外匯的預約合約，原則上無論之後的匯率如何變化，都必須按照預約的遠期匯率進行外幣交易。因為匯率的波動無法預知，當然有時也會出現沒有預約反而更有利的情況。

▲ 避險的具體成效

以下，我們以日本的出口企業為例，介紹如何使用遠期外匯來做避險的方法。

假設出口商的A公司於6月1日出售商品給美國的B公司，雙方約定3個月後的9月1日可以收到100萬美元的貨款。

假設6月1日當時的美元兌日圓匯率為1美元＝100日圓。如果在此時能立即取得100萬美元，則A公司可獲取的日圓金額計算為：

但是，此時匯率走勢呈現日圓升值的趨勢，預計3個月後的匯率可能會變為1美元＝90日圓。如此一來，可能收到的日圓金額將變為：

90日圓（＝1美元）×100萬美元＝9,000萬日圓

整整損失了1,000萬日圓。

因此，A公司決定使用遠期外匯這個避險工具。於6月1日出售商品給B公司的同時，A公司與銀行簽訂了一份以9月1日為交割日的「預售美元遠期外匯」合約，根據合約，銀行提供的遠期匯率為1美元＝95日圓。這樣一來A公司就可以放心了，因為無論9月1日的匯率最終如何，A公司都可以按照1美元＝95日圓的匯率兌換100萬美元，並收到以下的金額：

4

深入探討匯率變動與經濟的關係

$$95\,日圓（＝1美元）×100\,萬美元＝9,500\,萬日圓$$

　　如果，9月1日，果然正如預期，日圓匯率持續升值，變為1美元
＝90日圓。如果當時沒有預約遠期外匯的話，則收到的日圓金額
就只能是9,000萬日圓，A公司因為買入遠期外匯，避免了以下損
失：

$$9,500\,萬日圓－9,000\,萬日圓＝500\,萬日圓$$

4.7

強勢美元還會持續下去嗎？

美國面臨貿易赤字（貿易逆差）和財政赤字的「雙赤字」難題，強勢美元的地位可能遭受撼動。

▲ 美國政府一向積極地推動強勢美元政策

美元領導全球成為關鍵貨幣的背後，展現的是美國政府將強勢美元視為國家政策的強大實力。

美國前總統柯林頓（Bill Clinton）時期，於1995年就任財政部長的羅伯特・魯賓（Robert Rubin）就曾提出保持「美元升值」的策略，強力主張「**強勢美元政策**」（**Strong Dollar Policy**）。此後，歷任的美國財政部長都不斷重申「**強勢美元符合國家利益**」（美元升**值對美國有利**）的聲明。

為什麼對美國而言「強勢美元符合國家利益」呢？

首先，美國的經濟向來以美國國內需求（國內消費）為中心，強勁的個人消費支撐著美國經濟。而且，許多商品還都仰賴國外的進口。

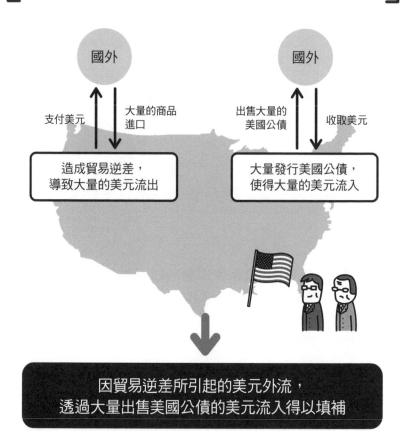

為何美國政府可以承受巨額的貿易赤字？

國外

國外

支付美元

大量的商品
進口

出售大量的
美國公債

收取美元

造成貿易逆差，
導致大量的美元流出

大量發行美國公債，
使得大量的美元流入

**因貿易逆差所引起的美元外流，
透過大量出售美國公債的美元流入得以填補**

　　強勢的美元（美元升值）會使得進口商品可以以更低廉的價格進口，商品的銷售價格下降，因此會有較好的銷售績效。同時，隨著進口商品價格的下降，涉及國民生活的物價也可以得到抑制。強勢美元政策對於廣大的美國民眾而言可以帶來巨大的利益。

但結果是，美國的進口不斷增加，累積了巨額的「**貿易逆差**」（**Trade Deficit**）。

雖然貿易逆差會導致美國國內的美元流出，但是由於美元的持續升值（美元價值幾乎沒有下跌），外國投資人也因為對強勢美元抱持著安全感，而持續大量購入**美國公債**（即美國政府發行的債券，相當於借款給美國政府），因此購買債券所使用的美元再度流入美國，填補了貿易逆差的赤字，維持國際收支的穩定結構（如圖）。

美國除了面臨貿易逆差之外，還有國家支出超過收入的「**財政赤字**」（**Budget Deficit**）問題。國家稅收不足的部分，美國就會發行公債向國內外的投資人借錢。

像這樣，美國的貿易逆差赤字和財政赤字這兩個赤字，就被稱為「**雙赤字**」（**Twin Deficits**）。

儘管面臨雙赤字，美國還是能夠靠著借錢繼續繁榮下去，這是因為美元是世界的關鍵貨幣，並且保持強勢美元政策的緣故。

▲ 強勢美元對全球經濟也有利，但是……

日本政府基本上也是支持美國的美元成為關鍵貨幣的體制，並採用美元作為與外國之間的結算貨幣。

日本的經濟高度仰賴對美國的出口，因此，美元的強勢（日圓貶值），對於出口企業非常有利，可以增加日本企業的獲利，同時對日本經濟也能帶來正面的影響。再加上，日美安保條約的背景之下，日本也應該維持支持日美同盟的態度。

過去，日本、中國等許多國家都依賴對美國的出口來發展本國的

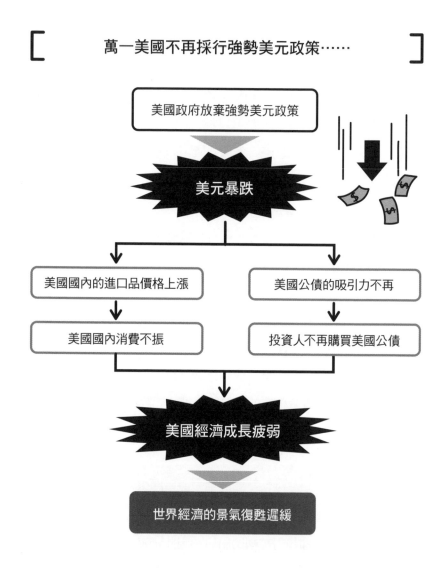

萬一美國不再採行強勢美元政策⋯⋯

美國政府放棄強勢美元政策

美元暴跌

美國國內的進口品價格上漲

美國國內消費不振

美國公債的吸引力不再

投資人不再購買美國公債

美國經濟成長疲弱

世界經濟的景氣復甦遲緩

經濟。因此，對於美國的雙赤字問題都會選擇視而不見，並支持美元為關鍵貨幣的強勢美元。

但是，如果美國放棄強勢美元政策，並且放任美元貶值的話，將

會導致其進口品價格的攀升，進而推升整體的物價，會使得美國民眾停止像過去一樣的購買行為。

再者，美元的貶值也會使美國公債失去原有的吸引力，投資人不再購買美國公債，這將導致美國政府籌措資金變得困難。

在這樣的情況之下不僅影響美國，還會使全球經濟陷入困頓。

此外，美元已被全球公認為是各種交易的結算貨幣，如果貨幣的價值急遽下降，將對貿易的結算和資金的流動造成重大困擾，從而對全球的經濟和資金的流動造成嚴重的損害。

Part 5

影響外匯匯率的
參與者們

5.1

外匯市場的規模與主要貨幣的交易量

最常見的換匯組合是歐元兌美元，主要的交易貨幣依次為：
美元、歐元、日圓、英鎊。而世界最大的外匯交易市場是倫
敦外匯市場。

▲ 交易量年年擴增的全球外匯交易市場

在介紹影響外匯交易市場的參與者們之前，筆者想先談談外匯市
場的規模與主要貨幣的交易金額。

金融市場當中，外匯市場絕對可以誇口是規模最大的市場，交易
量更是逐年飆增。如同下圖所顯示，2016年每日的平均交易金額約
為6.5兆美元，與2004年的交易金額（約2.6兆美元）相比，足見
成長之快速。

全世界的買賣呈現如此驚人的成長，背後很大的支撐是來自中國
和印度等新興國家顯著的經濟成長。由於這些新興國家的快速發
展，外匯市場除了本就活躍的美元、歐元、日圓之外，其他貨幣的
交易也變得活絡了起來。

那麼我們就來看看，外匯市場之中到底是什麼樣的貨幣、擁有多

全球外匯市場的平均每日交易金額

（交易量單位：10億美元、占比：%）

排名	各國市場	2010		2013		2016	
		交易量	占比	交易量	占比	交易量	占比
1	倫敦	1,854	36.7	2,726	40.8	2,406	36.9
2	紐約	904	17.9	1,263	18.9	1,272	19.5
3	新加坡	266	5.3	383	5.7	517	7.9
4	香港	238	4.7	275	4.1	437	6.7
5	東京	312	6.2	374	5.6	399	6.1
6	巴黎	152	3.0	190	2.8	181	2.8
7	蘇黎世	249	4.9	216	3.2	156	2.4
8	雪梨	192	3.8	182	2.7	121	1.9
	其他	878	17.5	1,077	16.2	1,025	15.8
	合計	5,045		6,686		6,514	

※以上為各年4月的每日平均；出處：BIS（國際清算銀行）

全球外匯市場的各種貨幣兌換組合交易占比

（交易量單位：10億美元、占比：%）

排名	各種貨幣組合	2010		2013		2016	
		交易量	占比	交易量	占比	交易量	占比
1	歐元兌美元	1,099	27.7	1,292	24.1	1,172	23.1
2	美元兌日圓	567	14.3	980	18.3	901	17.8
3	英鎊兌美元	360	9.1	473	8.8	470	9.3
4	澳幣兌美元	248	6.3	364	6.8	262	5.2
5	加拿大幣兌美元	182	4.6	200	3.7	218	4.3
6	人民幣兌美元	31	0.8	113	2.1	192	3.8
	其他（對美元合計）	885	22.2	1,241	23.1	1,220.6	24.1
	其他（對歐元合計）	454	11.4	500	9.3	419	8.4
	上述以外	149	3.8	197	3.8	211	4.2
	合計	3,973		5,357		5,067	

※以上為各年4月的每日平均；出處：BIS

5

影響外匯匯率的參與者們

少的交易量？圖表中就顯示了各種**貨幣組合**（例如美元兌日圓等2種貨幣的兌換組合）平均每日的交易量。

從表中的數字，我們知道歐元兌美元總是位居首位：23.1%，第2位為美元兌日圓的17.8%。也可以看到歐元兌美元、美元兌日圓、英鎊兌美元這3種貨幣組合的交易量於2010年就約占51.1%、2013年約為51.2%、2016年約為50.2%，一直都是呈現壓倒性的占比。顯見，交易的主力就是美元、歐元、日圓、英鎊這4種貨幣。

▲ 倫敦是全球交易量最大的市場

接下來我們看看各國外匯市場的交易量。2016年排名第1的是倫敦市場、第2位是紐約市場、第3是新加坡、第4是香港、第5才是日本的東京市場。

「ㄟ、紐約市場不是有聞名的華爾街嗎？為什麼不是排名第1呢？」心裡存有這樣疑惑的人應該不少吧。沒錯，外匯市場排名第1的真的不是紐約，而是倫敦市場。

其實，倫敦同樣擁有與華爾街並駕齊驅的世界金融中心「倫敦金融城」（The City of London），倫敦市場同時也是亞洲貨幣、非洲貨幣、東歐貨幣、中東貨幣等多種貨幣交易的重要市場，這也是倫敦之所以成為全球最大外匯市場的原因。

▲ 為何東京市場僅排名第五？

東京市場的情況則略有不同。根據2013年之前的每年調查顯示，東京市場一直是維持在第3或第4的排名。但是到了2016年，

東京市場的地位就被新加坡市場和香港市場所取代。

　　新加坡和香港市場的交易量之所以增加，主要是在全球化的推動之下，人民幣的交易急遽擴增，以及亞洲國家的經濟成長帶動了本國貨幣和其他亞洲貨幣之間的交易量暴增。根據數據顯示，新加坡市場的占比從2013年的5.7%增加到2016年的7.9%，而香港市場則從4.1%擴大至6.7%。

5.2

在外匯市場擁有巨大影響力的機構投資人

銀行、保險公司、投資信託基金、對沖基金、退休基金等擁有大量資金的機構投資人，都是外匯市場常見的貨幣買賣參與者。

▲ 全球的銀行為了追求獲利相互競爭

外匯市場上總是有懷抱著各種不同目的的企業及投資人，不斷地參與貨幣的賣買交易。而其中大亨級的市場參與者，即是擁有巨額資金且專業地投入資金運作的企業或是機構團體的「**機構投資人**」（**Institutional Investors**）。

所謂的機構投資人，具體來說就是指**銀行、壽險公司、產險公司、投資信託基金、對沖基金和退休基金**（握有退休基金的團體）等機構。

首先是銀行，不但代替進出口企業及個人處理外匯的買賣，同時，銀行的**外匯交易員**也會利用銀行的自有資金積極地從事貨幣交易，以追求短期間的匯差收益。外匯市場也就成為了全球的銀行競相爭取獲利的戰場。

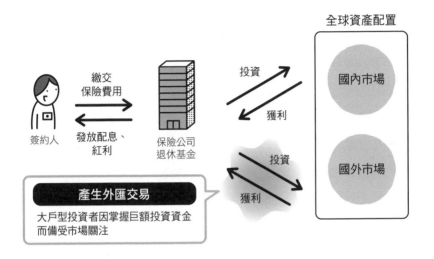

全球資產配置

投資

獲利

國內市場

投資

獲利

國外市場

繳交
保險費用

發放配息、
紅利

簽約人

保險公司
退休基金

產生外匯交易
大戶型投資者因掌握巨額投資資金
而備受市場關注

▲ 擁有龐大資金的保險公司、退休基金具有極大影響力

　　我們都知道，保險公司和退休基金主要是收取客戶的保費或保管許多人所繳納的退休金，然後再將這些資金投入市場進行運用和操作。這些資金的特性都是具有較長期間的投資期限（到期日事先可知），所以通常會將投資目標設定於長期且具有穩定收益的標的，例如投資多個國家的股票、債券等範圍較廣的「**全球資產配置**」（**Global Asset Allocation**）型投資。

　　所謂的全球資金配置型投資的好處在於，透過分散於多個國家的投資，萬一投資標的當中的一個國家面臨失利，也可以縮小損失，不至於全軍覆沒。也正因為保險公司和退休基金所掌握的金額非比尋常，所以對外匯市場具有一定的影響力。

除此之外，同樣運用股票、債券、不動產等資產進行多樣化投資的投資信託基金，也與保險公司和退休基金一樣，對外匯市場同樣具有重大的影響力。

例如，當日本的投資信託基金有意投資美元債券時，此時便產生大量買入美元的需求，以致於可能導致日圓貶值、美元升值的現象。相反地，當投資信託基金面臨大量的贖回要求時，此時貨幣的需求就會轉向日圓，這樣的舉措也可能導致日圓的升值。

此外還有經常成為國際金融市場話題的對沖基金（→5.4節），也是具有極大影響力的機構投資人。

5.3

政府當局的市場干預影響匯率

急遽的貨幣貶值、或是升值都有可能危及國家經濟，因此政府當局通常會透過大量的資金投入對外匯市場進行匯率干預。

▲ 政府透過貨幣的買或賣控制匯率

先前我們曾提到，機構投資人經常為了追求獲利會利用外匯市場的波動相互競爭，但若完全放任這些機構投資人恣意行事，也可能引起市場的混亂。此時，登場的監督者角色便是各國政府和各國的「中央銀行」（**Central Bank**）。

所謂的中央銀行就是發行貨幣[1]並執行國家貨幣政策的銀行。例如，日本的日本銀行（**Bank of Japan**，簡稱：日銀、**BOJ**）、美國的聯邦準備理事會（**Federal Reserve Board**，**Fed**）、英國的英格蘭銀行（**Bank of England**，**BOE**）、歐元區的歐洲中央銀行

---

1 台灣早期的新台幣發行政策為：中央銀行負責印鑄、儲存，但委由臺灣銀行發行。2000 年 7 月 1 日起，根據「中央銀行發行新台幣辦法」才改由中央銀行自行發行。

（**European Central Bank，ECB**）等。許多國家的中央銀行的任務都是：穩定國家匯率、確保國家經濟活動不受到重大影響。

本來，在浮動匯率制之下，匯率是由市場的自由買賣所決定。但是，一旦市場發生了國家貨幣過度的升值或過度的貶值，很可能造成國家經濟的負面影響時，這時候政府和中央銀行便會採行外匯市場操作的「**市場干預**」（**Market Intervention**）來穩定匯率。

以日本為例，過度的日圓升值很可能造成出口導向型企業的巨大損失，並且嚴重減損了日本的經濟實力。相反地，過度的日圓貶值則可能造成進口商品價格的上漲，引發通貨膨脹。

因此，當執掌財政大權的當局者判斷日圓將面臨過度的升值或貶值時，就會指示日銀介入外匯市場進行干預，利用貨幣的買賣控制匯率的波動（如下圖所示）。

①過度的日圓升值時

日銀會進場進行「賣日圓、買美元」的操作。當美元的需求大於日圓時，外匯市場的美元兌日圓走勢，就會轉向日圓貶值、美元升值的方向。

②過度的日圓貶值時

日銀會進場進行「買日圓、賣美元」的操作。當日圓的需求大於美元時，外匯市場的美元兌日圓走勢，就會轉向日圓升值、美元貶值的方向。

日銀的市場干預

■ 過度的日圓升值時

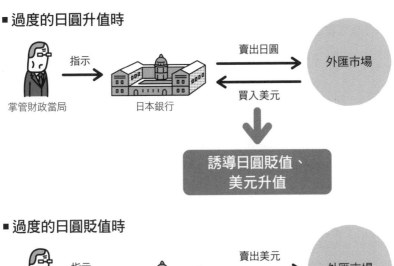

掌管財政當局　→ 指示 →　日本銀行

賣出日圓 → 外匯市場
買入美元 ←

誘導日圓貶值、
美元升值

■ 過度的日圓貶值時

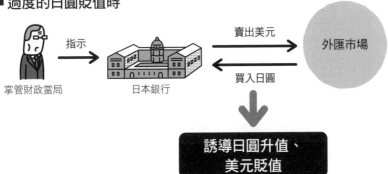

掌管財政當局　→ 指示 →　日本銀行

賣出美元 → 外匯市場
買入日圓 ←

誘導日圓升值、
美元貶值

▲ 進場干預的資金從哪裡來？

　　舉例來說，當市場開始傾向日圓升值、美元貶值的時候，大多數的投資人都會開始拋售美元。在這種情況下，如果日銀希望藉由賣出日圓、買入美元的操作來扭轉日圓升值的態勢時，此時所需的買入美元資金勢必要超過拋售美元的部位，也就是需要大量的市場干

預資金。

　那麼，這樣大筆的市場干預資金到底要從何處取得呢？

①需進場賣出日圓、買入外幣時

　此時的資金來自於日本財務省（相當於台灣的財政部）所管轄的「外匯資金特別會計帳戶」。額度上限是外匯資金票券（Foreign Exchange Fund Bill，日文原文：外国為替資金証券，簡稱「為券」）可發行額度的195兆日圓（2017年度核准金額）。

②需進場賣出外幣、買入日圓時

　可動用資金來自外匯存底（2017年11月底統計金額為1兆2,612億4,200萬美元）。而實際動用的金額均會公告於日本財務省官網的「外匯平衡操作的執行狀況」項目。根據該網站顯示，日本政府自2011年12月之後，就未再進場干預（2017年12月統計）。網頁顯示日本央行最後一次進場干預是在2011年10月31日至11月4日之間，當時的日圓一度來到史上最高價的1美元＝75.30日圓，日本央行為了阻止日圓持續攀升，短短的5天之內便投入了9兆916億日圓進場買入美元，試圖阻止日圓再度升值。

　日本是個高度仰賴出口的國家，一旦日圓走強，政府憂心的是日本經濟的惡化，所以過去也曾為此頻繁地進場執行賣出日圓、買入美元的市場操作。

▲ 透過各國共同影響匯率的協調干預

　截至目前為止我們所討論的市場干預，都是各國政府和中央銀行

備受市場關注的G7聯合聲明

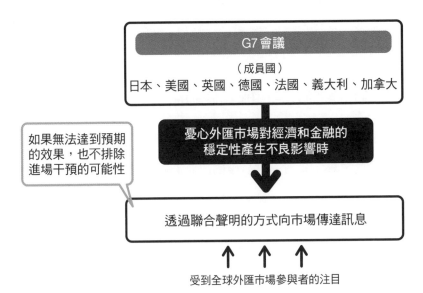

根據自己的判斷所進行的「**單獨干預**」（**Unilateral Intervention**）。

但是，當單獨干預也無法或難以達到預期效果時，各國政府和中央銀行會互相聯繫取得合作，由多國的中央銀行在同一時間進場執行所謂的「**協調干預**」（**Coordinated Intervention**）。協調干預通常出現於當單獨干預無法達到預期的效果，而且當時的匯率對多個國家都呈現不利的局勢時。當然，協調干預一定是比單獨干預更具有控制力。

例如1985年非常著名的**廣場協議**（→2.9節後半）**就是協議下的協調干預**。當時，世界5大先進強國（日本、美國、英國、德國、法國）一致同意將高估的美元價值調整至符合當時的實際價格水

準，5國同時進場執行賣出美元的市場干預操作。

另外，還有2000年9月，各國認為歐元的貶值對世界經濟產生了不良影響，當時的日、美和歐洲等國為了提高歐元的價值，取得共識也進場執行了一次協調干預的操作。

▲ 透過口頭的暗示引導匯率波動的口頭干預

以上所介紹的匯率干預方式都是以實際的貨幣買賣進行匯率的操控。除此之外，負責掌控貨幣的政府高層人士有時只要稍加暗示「正在考慮進場干預」等話語，也可能改變外匯市場的走向。

這樣以口頭暗示的方式就稱為「口頭干預」（Verbal Intervention），雖然效果可能不及實際的進場干預明顯，但這類高層人士的發言也常常足以影響市場。

例如，**G7**（**7國財長與央行總裁會議**）的聯合聲明，就經常出現這種特別針對匯率的口頭干預。G7是指日本、美國、英國、德國、法國、義大利和加拿大的財政部長與央行總裁針對全球經濟、貨幣政策和匯率動向所舉行的國際會議。

2008年10月27日所公布的G7聯合聲明當中，就特別針對該年8～10月急遽升值的日圓發表談話，內容包括：

「對於近期外匯市場因日圓的過度波動可能造成經濟和金融不穩定的不良影響，我們深感憂慮」
「將繼續密切關注外匯市場的變化，必要時必會提供適時的協助」

聽到以上發言的外匯市場，當然會對政府的市場干預產生強烈的

警戒，很容易就使得買入日圓的壓力暫時得到緩解。雖不能說是「一呼百應」，卻也能達到「G7擲地有聲」的關鍵作用。

如果聯合聲明還無法達到預期的效果，根據G7的協議，也可能再進一步進行市場的協調干預以穩定匯率。

5.4

操持巨額外匯交易的對沖基金

積極地進行買賣交易的對沖基金，常被視為是擾亂外匯市場的投機者。喬治・索羅斯所引發的英鎊危機事件便是其中著名的金融事件。

▲ 運用高超的金融技巧追求絕對的報酬

在5.2節我們說明了何謂機構投資人，這當中包括了所謂的「**對沖基金**」（**Hedge Fund**），對沖基金主要也是向投資人募集資金，並積極投入外匯、股票、金融商品等交易，以謀取最大的利潤。透過積極的買賣，對沖基金同樣地對外匯市場擁有巨大影響力。

對沖基金具有以下三個特點：

①私募形式的基金

一般公開募集形式的共同基金（**Mutual Fund**），募集的對象是一般大眾等非特定投資人，而私募形式的基金則與共同基金不同，資金的募集對象是資產家等少數的特定投資人，所以稱之為私募形式的投資信託基金，簡稱為**私募基金**（**Private Equity**）。

因為屬於私募型態，所以關於共同基金本該嚴格遵守的投資標的、運作方式和公開資訊等的披露皆可免除，因此運作非常自由。

②追求絕對的投報率

不斷地追求「**絕對的投報率**」（**Absolute Return**），獲利也是對沖基金的特點。一般的投資信託基金大多以超越市場的平均獲利為目標。如果當市場處於下跌趨勢，一般的投資基金即使表現不佳甚至獲利為負值或是低於市場平均，投資人還是可能接受。

但對沖基金即使面對市場整體處於下跌的局勢，仍會力求好的績效，也就是說還是會以獲取收益為目標。正因如此，操作對沖基金必須要有非常高超的金融技術能力。

③績效報酬（Incentive Fee）

對沖基金的另一個特點就是績效費用。如果操盤人表現優異，為投資人創造更多的報酬便可獲取更多的**績效獎金**的報酬機制。透過對操盤人的獎勵追求彼此之間更大的收益。

▲引發英鎊危機的喬治·索羅斯

談到對沖基金，不能不提的是匈牙利裔美籍的大投資家**喬治·索羅斯**（**George Soros**）。

1992年，索羅斯旗下的最大對沖基金量子基金（Quantum Funds）引發了英國的「**英鎊危機**」（**Sterling Crisis**），使得索羅斯和他的對沖基金的名號傳遍全球。

以下就簡單地介紹這場英鎊危機的始末。

當時的英國是歐洲經濟共同體的成員國同時也是歐洲匯率體系（European Exchange Rate Mechanism，簡稱ERM）的一員，該體系的運作方式是必須將本國貨幣的英鎊與其他參與國的匯率維持在一定的範圍之內。

但是由於當時的英國經濟正處於低迷狀態，索羅斯預測「貨幣價值評價過高的英鎊必將面臨大幅的貶值」。

於是，索羅斯大膽賣掉了價值約100億美元的英鎊。為了對抗此一行動，英國政府於1992年9月16日將政策利率從上午的10%上調至中午的12%，下午再調升至15%，一天之內調升了兩次利率。這樣的做法主要就是為了誘導投資人購買英鎊。然而，這樣的努力並未成功阻止英鎊的持續暴跌。最終，英鎊貶值了約40%，據說索羅斯因而取得了大約20億美元的獲利。

下一節我們將說明1997年的亞洲金融危機，有人認為這個事件也與對沖基金關係密切。看來對沖基金已經和負面形象產生了連結。

正因為以上種種原因，有人會將對沖基金視為「製造市場混亂的攻擊型投機集團」，認為是一種邪惡的存在。

▲ 匯率急速變化的元兇!? 超高速的高頻交易

但是近幾年來，對沖基金似乎也陷入了價格波動性和投資報酬雙雙下跌的困境，不再有如往日的聲勢。取而代之的是，「高頻交易」（HFT，High-frequency trading）所引發的影響，其所產生的問題也逐漸受到市場的關注。

所謂HFT高頻交易是將投資策略結合電腦程式的高速運算（→7.7節）所設定的一種交易方式，這種交易方式透過自動交易系統，可以在極短的時間內快速且重複地執行小額買賣的交易操作。這樣的交易方式也迅速地擴展到股票和外匯交易領域，2013年1月的日銀報告，就特別指出「高頻交易在外匯市場的現貨交易，估計約已達24～30%的占比」。

市場也指出，HFT高速且高頻率的交易很可能成為引發市場急速變化的引爆點。例如，2010年5月，美國股市就發生了一次稱為「閃崩」（Flash Crash）的瞬間暴跌事件，紐約道瓊工業指數在數分鐘內下跌了近1,000點。造成事件的主要原因，市場認為是股票期貨的價格下跌，引發HFT的群體連鎖反應所致。

5.5
投機資金的動向可能發展成金融危機

泰國的經濟惡化和貨幣升值共存的矛盾引起了投機資金的注意，投機資金瞄準時機進行泰銖的大量拋售操作，導致泰銖暴跌，最終成為亞洲金融危機的引爆點。

▲ 投機資金的大量拋售導致貨幣暴跌

一般而言，之所以造成金融危機大多開始於國家的經濟成長減緩、政局不安等因素，進而導致外國的投資資金及外資企業一舉撤離。當以上情況發生時，拋售該國貨幣的意識就會愈加強烈。

察覺這種趨勢且很快便集結的通常就是如對沖基金這樣的**投機資金**。投機資金一旦察覺有利可圖，他們就可以大量拋售該國貨幣，導致貨幣價值不斷暴跌，然後在下降到一定程度時再進行買回回補部位即可獲利出場。

當貨幣價值下跌到連政府都無法控制的程度時，貨幣就只能無量下跌，接著引爆金融危機。據說，1997年的「**亞洲金融危機**」（**Asian Financial Crisis**）就是由投機資金所引發。

1997年，因為泰國的貨幣**泰銖暴跌**，危機隨之而起。當時，亞洲

大多數國家採用的是「美元掛鉤的固定匯率制」（Dollar-Pegged System），是將自己國家的貨幣與美元掛鉤。泰銖對美元採取固定匯率制，而對其他貨幣的匯率則是以美元匯率為基準採用交叉匯率（→2.4節）計算的浮動匯率制。

當時，日本因為東南亞國家的廉價土地及勞動力等優勢，大舉進入東南亞等國不斷地建廠擴大投資，當時的日本的確對這些國家的經濟發展投入了相當的貢獻。不但由泰國到日本的出口增加，且受益於當時的日圓升值、泰銖貶值，泰國的商品得以更低廉的價格出口，景氣可謂一片榮景，當時的GDP年成長率還達到兩位數的好光景。

也正是此時，泰國政府更進一步計畫提高利率，希望可以吸引更多的外國資金，以因應未來更多的廠房建設等設備投資的資金需求。

但是，1995年開始，情勢卻有了不一樣的發展。同年4月，美元兌日圓匯率觸及了1美元＝79日圓，而到了1997年5月，匯率卻反轉為1美元＝127日圓。此時的泰銖由於與美元掛鉤，受到日圓貶值的影響，導致了日圓貶值、泰銖升值的情況。

結果，泰國對日本的出口競爭力受到嚴重的衝擊，對日本的貿易逆差急遽擴大，泰國的GDP也陷入負成長。

因此就造成了泰國的經濟惡化，然而泰銖卻是升值的矛盾現象。

▲ 對沖基金瞄準了泰銖升值的矛盾困境

由於泰國的經濟惡化，過去流入泰國的資金開始大規模撤離，如

股票、債券和不動產的價格也急速下跌。

在這種情況下，對沖基金等投機資金已然察覺到泰銖升值的矛盾，開始大量拋售泰銖。

泰國政府雖然竭力進場干預希望維持泰銖的穩定，但還是不敵投機資金的襲擊，終於在1997年7月轉向改採浮動匯率制，但泰銖仍然不斷地暴跌。據說投機資金在泰銖價格暴跌時反手買回泰銖，回補先前拋售的部位，巨額的獲利於是輕鬆到手。

當時的金融危機當然不會僅局限於泰國，這股風暴陸續波及了東亞和東南亞等周邊各國的貨幣，造成經濟的急遽惡化。

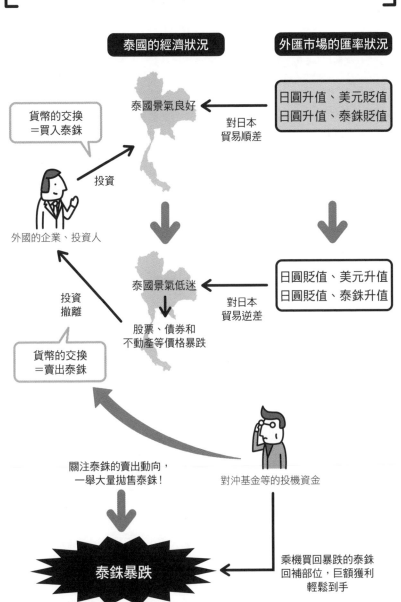

泰銖暴跌的始末

泰國的經濟狀況

外匯市場的匯率狀況

泰國景氣良好

日圓升值、美元貶值
日圓升值、泰銖貶值

對日本貿易順差

貨幣的交換
＝買入泰銖

投資

外國的企業、投資人

泰國景氣低迷

日圓貶值、美元升值
日圓貶值、泰銖升值

對日本貿易逆差

股票、債券和不動產等價格暴跌

投資撤離

貨幣的交換
＝賣出泰銖

關注泰銖的賣出動向，
一舉大量拋售泰銖！

對沖基金等的投機資金

泰銖暴跌

乘機買回暴跌的泰銖
回補部位，巨額獲利
輕鬆到手

5.6

IMF出手援助深陷貨幣危機的國家

亞洲金融危機之際，IMF對陷入金融危機的國家提供了大額的貸款，2008年金融海嘯之後，IMF所提供的援助又更加靈活。

▲ 目的在於維持全球貨幣體系的穩定

1997年亞洲金融危機（→5.5節）發生時，**國際貨幣基金（International Monetary Fund，IMF）**總共支援了印尼、韓國和泰國等當時陷入金融危機的國家。為了維持金融的穩定和結構的改革，IMF總共提供上述3國總金額高達350億美元的貸款。

IMF為一國際機構，成立於1945年12月，共有189個會員國[2]，幾乎涵括了全球大多數的國家（2017年12月統計）。

IMF的目標主要是維持全球貨幣和匯率的穩定，並確保國家之間的貿易等資金結算環境的順暢。

IMF成立的初期，由於各國的匯率大多採用固定匯率制，IMF的

---

2 台灣目前還不是IMF的會員國。2023年現在的會員國仍然是189國。

IMF 的主要業務

會員國的金融援助	對於陷入對外支付困難（外匯不足）的會員國，提供貸款、協助會員國克服經濟和財政危機。資金來源為會員國的出資等。
提供會員國各種經濟政策的相關建議（監測）	為了維持國際貨幣體系的穩定，支援監測世界各國的金融政策、經濟和金融情勢等，並提供會員國各種經濟政策的相關建議。
技術支援	對於經濟和金融政策等相關專業知識不足的會員國，派遣專家提供協助建議，並舉辦研修課程、提高技術等的支援活動。

主要角色也就是維持各國的匯率穩定，必要時提供各國資金援助。在各國匯率紛紛改採浮動匯率制之後，IMF便開始致力於開發中國家的開發援助和緊急的救援貸款。

亞洲金融危機之後，IMF的功能也有了較大的改變。為了維持各國的匯率穩定，IMF對於陷入經濟困境的國家，也開始積極地展開貸款、經濟政策的指導等各種援助。

2008年後半所引發的全球經濟和金融海嘯，IMF也提供了烏克蘭、匈牙利等國巨額的貸款。

為了確保提供貸款所需的資金，2009年4月的G20倫敦高峰會議同意將IMF的救援儲備基金增額5,000億美元，大大地擴大救援儲備基金的總額。此外，2010年12月，IMF拍板將會員國的出資總

IMF功能的變遷

▶1944年　成立初期

匯率採固定匯率制時期，主要功能以維持各國的匯率穩定、提供各國資金援助為主。

▶1973年　各國改採浮動匯率制之後

開始實施開發中國家的開發援助和緊急融資。

▶1997年　亞洲金融危機之後

針對因金融危機陷入困境的國家，提供貸款和經濟政策等的相關指導。

▶2008年　世界金融海嘯之後

IMF除了擴充救援儲備基金外，同時增設了用於預防危機的融資制度，為因應下一次的危機做足準備。

額也是IMF的永久資金來源增加一倍，並於2016年1月起生效。

同時，隨著2010年希臘所引爆的歐洲債務危機日益嚴重，2012年，包括日本在內的有志之國紛紛表示願意提供IMF更多的援助資金，總共貢獻了約4,600億美元，更進一步強化IMF的救援儲備基金。

同時，對於IMF所提供的貸款融資制度也進行了修訂，增設了可以提供大額信用額度（Credit Line）的融資制度，以預防金融危機的發生。2009年3月，設立了彈性信用額度（Flexible Credit Line，FCL），2010年8月，又推出了預防性信用額度（Precautionary Credit Line，PCL），並於2011年11月將PCL改為預防性與流動性額度（Precautionary and Liquidity Line，PLL）。

此外，IMF還加強了對各國金融部門的監測（Surveillance）工作，致力於克服當前危機並做好因應下一次危機發生的各項準備，期許可以發揮IMF的最大功能。

Part **6**

美元之外的其他貨幣
實力如何？

6.1

歐元實力逼近美元

歐元雖然也是廣被世界各國用於貿易結算和作為外匯存底的外幣,扮演著僅次於美元的國際貨幣角色,但導入歐元的會員國,至今仍面臨財政紀律等的諸多課題。

▲ 歐元區正在逐步擴大

這一節,我們將介紹「歐元」(Euro)。歐元是僅次於美元高居外匯市場交易量第2位的貨幣,同時各國的貿易結算和作為外匯存底的儲備貨幣也僅次於美元,在全球占有重要的地位。

歐元是參加歐洲聯盟(簡稱「歐盟」; European Union,EU)的成員國共同使用的貨幣。歐盟是希望透過政治和經濟的統合,實現歐洲一體所成立的國際機構,主要目的還是希望歐洲各國不再重蹈二次大戰的悲劇。

第二次世界大戰之前,歐洲一直是世界經濟的領導者。但是戰後,這個領導者的地位不僅被美國取而代之,就連包含日本等非歐美系國家的經濟成長,也對歐洲造成很大的威脅。

面對這樣的世界變化,歐洲各國感到了強烈的危機感,於是希望

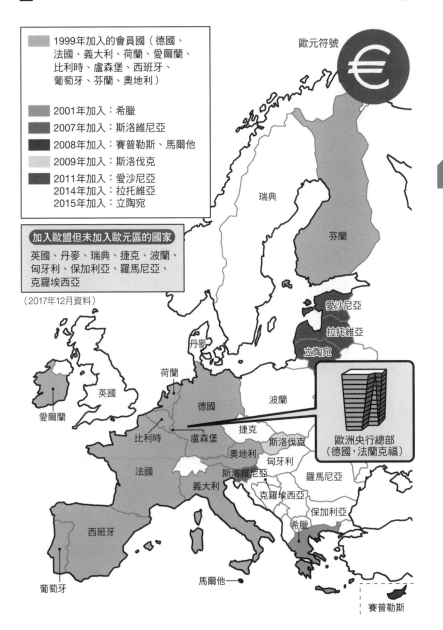

導入歐元的19國

1999年加入的會員國（德國、法國、義大利、荷蘭、愛爾蘭、比利時、盧森堡、西班牙、葡萄牙、芬蘭、奧地利）

2001年加入：希臘

2007年加入：斯洛維尼亞

2008年加入：賽普勒斯、馬爾他

2009年加入：斯洛伐克

2011年加入：愛沙尼亞
2014年加入：拉托維亞
2015年加入：立陶宛

加入歐盟但未加入歐元區的國家
英國、丹麥、瑞典、捷克、波蘭、匈牙利、保加利亞、羅馬尼亞、克羅埃西亞

（2017年12月資料）

歐元符號

瑞典

芬蘭

愛沙尼亞

拉托維亞

立陶宛

丹麥

荷蘭

英國

愛爾蘭

德國

波蘭

比利時　盧森堡

捷克

斯洛伐克

奧地利

匈牙利

法國

斯洛維尼亞

羅馬尼亞

義大利

克羅埃西亞

西班牙

保加利亞

希臘

葡萄牙

馬爾他

歐洲央行總部
（德國，法蘭克福）

賽普勒斯

6

美元之外的其他貨幣實力如何？

藉由各國的共同努力加強歐洲的經濟實力。在歐盟區內的貨物和資金等的移動，不僅可以減少甚至無需接受所有相關經濟活動的監管，並且將各國原本獨立的貨幣統一為名為「歐元」的共同貨幣。

希望透過取消貨幣兌換的障礙，各國的經濟活動可以更加順暢，進而活絡整體歐洲的經濟。

讓我們再回顧一下歐元的歷史。首先是1998年為了催生歐元的誕生，歐元區各國（僅限於採用歐元的國家）成立了負責歐元區整體金融和匯率政策的中央銀行，稱為「**歐洲中央銀行**」（**European Central Bank，ECB**）。

接下來的1999年，15個歐盟成員國當中具備導入歐元條件的德國、法國、義大利等11國，導入了歐元。

此後，歐盟的成員國和導入歐元的會員國都在逐步增加，截至2017年12月的統計，歐盟的成員國已達到28國，其中導入歐元的會員國則包括希臘、斯洛維尼亞等共有19個國家[1]。導入的會員國必須廢止本國的貨幣，完全使用歐元（參見上圖）。

▲ 導入歐元的會員國可擁有3大利多

期待歐洲的經濟能夠重返榮耀而誕生的歐元，對於導入歐元的國家又賦予了哪些好處呢？

簡單而言有以下3項：

---

1 由於2020年1月英國脫歐，目前歐盟只有27個成員國。克羅埃西亞已於2023年1月加入歐元區，成為歐元區第20國。

導入歐元的國家可擁有的優勢

① 貿易往來變得更活絡

不再產生匯率波動的風險或貨幣兌換的匯兌手續費。歐元區內的買賣交易變得更加靈活。

② 企業的商機更為擴大

無需在乎國境，整個歐元區都是全體會員國的商業舞台。

③ 取得國際貨幣的角色功能

成為廣泛被使用於貿易結算和外匯存底的重要貨幣。

①貿易往來更活絡

在歐元區內，與任何一個歐元國家的商業往來，均可使用歐元。因此，不會產生匯率波動的風險或貨幣兌換的匯兌手續費。所有的買賣交易如同在自己國內的商品買賣，不但可以促進各國貿易的繁榮，也可以擴大各國的經濟範圍。

②企業的商機擴大

各國的企業不再拘泥於國境問題，不僅可以在整個歐元區拓展業務，更可大大擴展商機。例如，德國的某企業可以向義大利的銀行貸款，在法國開設分支機構，這樣的商業型態都成為可能。

③取得國際貨幣的角色功能

一般的觀念裡，只有關鍵貨幣的美元可以擔綱國際貨幣的角色，但是，如今歐元也被稱為「**第二關鍵貨幣**」，開始慢慢擁有與美元相似的地位。

事實上也似乎如此，不僅是導入歐元的國家及貿易往來的其他歐洲國家使用歐元結算，甚至還擴大到鄰近的中東和非洲國家，也都陸續以歐元作為貿易往來的**結算貨幣**（**Currency of Settlement**）。

此外，世界各國也紛紛以歐元作為**外匯存底**（**Foreign Currency Reserves**→2.3節）的重要貨幣，重要性僅次於美元。如此一來，隨著歐元的實力日增，歐元區本身在全球經濟的影響力也提高了。

▲ 歐元有無法超越美元的課題

儘管歐元非常努力地增強實力，但仍無法與美元相提並論。以外匯市場的貨幣交易比重來看，歐元的交易量雖然位居第二，但實際上還不到排名第一的美元交易量的一半（→4.1節）。以世界整體架構來看，美元的可靠性和便利性仍具有高不可攀的地位。

此外，如同前面的章節提及，歐元區的金融和匯率政策由歐洲央行（ECB）負責，但也帶來了前所未有的難題。換言之，歐元區內的各個會員國各有各的經濟問題，想統合成一個全體適用的金融政策，用以維持穩定的物價和良好的經濟狀態，還真的不是一件容易的事。

還有，加入歐元區的會員國還規定必須遵守歐元區的財政紀律（財政赤字占GDP的比重不得超過3%，國家債務餘額亦不得超過

GDP的60%）。

但是，2008年後半之後的債務危機及全球景氣低迷，致使有越來越多的會員國無法達到財政紀律的規定。2010年初，更是爆發了希臘的財政危機，並且擴及到葡萄牙等南歐國家。

▲ 歐元還是強過日圓

比較歐元和日圓，明顯可以看出歐元的實力更強於日圓。正如前面所述，歐元雖然面臨諸多課題，但仍然被公認是世界第二強的關鍵貨幣，並廣泛地被使用於貿易結算和作為各國外匯存底的重要貨幣。外匯市場的貨幣交易量，歐元也遠超過日圓。而且日圓的流通主要還是以日本國內為主，歐元則是在整個歐洲流通。

以下讓我們回顧一下歐元兌日圓的匯率走勢。

歐元的初創階段，由於實體經濟（除了金融之外的經濟）的成長力道尚且薄弱，歐元一直處於貶值狀態，曾經一度貶至1歐元＝88日圓的價位。但2000年9月，透過日、美、歐三方的協調干預（→5.3節後半），三方協議同時進場買入歐元，至此才抑止了歐元貶值的劣勢。

此後的2001年9月，美國同時發生了多起恐怖攻擊事件，世界對美元的信心驟降，歐元作為世界第二大關鍵貨幣的角色開始受到關注。時至2008年7月，歐元的升值趨勢已經悄悄邁向170日圓左右的歐元升值、日圓貶值價位，但隨後卻在歐洲爆發了債務危機的時空背景之下，歐元開始暴跌，到了2012年又跌回了94日圓左右的價位。之後，由於受到歐元區創下當時世界最高的經常帳盈餘等因

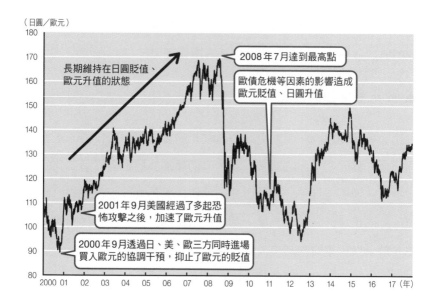

歐元兌日圓匯率的走勢

（日圓／歐元）

長期維持在日圓貶值、歐元升值的狀態

2008年7月達到最高點

歐債危機等因素的影響造成歐元貶值、日圓升值

2001年9月美國經過了多起恐怖攻擊之後，加速了歐元升值

2000年9月透過日、美、歐三方同時進場買入歐元的協調干預，抑止了歐元的貶值

素的激勵，匯率走勢反轉為歐元升值，統計至2017年12月，歐元兌日圓的匯率大致維持在131～135日圓的區間。

▲ 歐元存款的收益如何？

再來我們看看歐元存款。如果在歐元、日圓和美元之中選擇一種貨幣進行存款，哪一個的獲利會最好呢？

假設以某銀行一年期的定期存款來比較，根據2017年12月的數據，歐元定期存款（約當3萬美元以下）的利率為0.010%。相比之下，日圓定期存款（300萬日圓以下）的利率為0.01%，美元定期存款（3萬美元以下）的利率為0.400%。單看利率，美元存款似乎

比歐元存款和日圓存款更具優勢。然而，必須注意的是，如果將日圓轉換為外幣或將外幣轉換為日圓時，還有**匯兌手續費（Exchange Fee）**的問題，而此費用還會因外幣種類的不同而異。一般來說，交易量大的外幣手續費較低，而交易量少的外幣手續費較高。

一般的歐元存款（臨櫃辦理的存款），存款的適用匯率為TTS匯率，也就是中間價的TTM匯率再加上1.50日圓。而解約則是適用TTB匯率，為中間價TTM匯率減去1.50日圓（TTS、TTB、TTM→2.2節）。換言之：

歐元存款的匯兌手續費→單向兌換每歐元＝1.50日圓

然而，

美元存款的匯兌手續費→單向兌換每美元＝1日圓

由此可知，歐元存款手續費略高於美元（單向兌換是指一次的貨幣兌換交易）。

假設在匯率為1歐元＝135日圓時存入歐元存款，因每歐元雙向匯兌手續費為3日圓，所以加上手續費，如果希望在存款之外還能獲取匯差收益，則匯率趨勢應該呈現：

超過1歐元＝138日圓的日圓貶值、歐元升值

有意選擇外幣存款時，都必須將這項因素納入考量。

除了歐元之外，如美元、英鎊、瑞士法郎、澳幣、紐幣等外幣存款在日本全國性的商業銀行或是區域性的大型銀行等金融機構皆可

歐元存款是否也可獲取匯差收益？

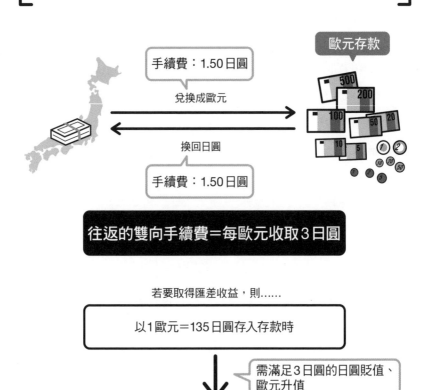

辦理。

　　但是，一些小型的地方金融機構（包括地方信用合作社、農漁會金庫等），可能只提供美元和歐元存款，甚至根本不提供外幣存款的金融機構也有。

6.2

英鎊的強項與和未來前景？

英國因為一些原因而沒有採用歐元，但英鎊卻因為容易吸引
投機資金，以價格波動劇烈而聞名。

▲ 為何英國對於導入歐元抱持消極態度

如5.1節所說明，英國的「**英鎊**」（**Pound**）在外匯市場的交易量
排名是僅次於美元、歐元和日圓，位居全球第四。

儘管現今的關鍵貨幣是美元，但在19世紀後半之前，世界的關
鍵貨幣是英國的「英鎊」。英國從18世紀的工業革命之後一直引領
著世界經濟，卻在第二次世界大戰之後，英國經濟開始走向衰退，
而美國的經濟卻在此時快速成長，從此美元取代了英鎊成為世界的
關鍵貨幣。

英國早在1973年就加入歐盟[2]，但並未採用歐元。為什麼呢？原因

---

2 正確來說，英國於1973年加入的是歐洲經濟共同體（European Economic
　Community）。歐盟的歷史可追溯至1952年建立「歐洲煤鋼共同體」，1958
　年又成立「歐洲經濟共同體」和「歐洲原子能共同體」，1967年統合在「歐

有以下3點：

①不願放棄獨立的金融政策

英國是一個非常重視主權的國家，對於必須放棄有悠久傳統的「英鎊」，並將貨幣政策委由他人（歐洲中央銀行）管理，英國一向深表抗拒。為此，英國政府決定將此一議題交由公民投票決定。最終，果不其然多數的英國公民站在反對的一方，導入歐元的政策最終還是被否決。

②沒有強制採用歐元的義務

歐盟的成員國基本上必須加入歐洲經濟及貨幣聯盟（European Economic and Monetary Union，EMU），並且有義務採用歐元，但是英國和丹麥因為屬於早期參與歐盟的特權國家，所以適用於「可選擇排除規定」的國家，因此沒有強制採用歐元的義務。

③未達導入歐元的條件

為了採用歐元，歐盟的成員國有義務減少財政赤字和國家債務，且必須排除國家貨幣價值的大幅波動，然而英國卻未能達到以上的條件。雖然英國也可以實施嚴格的財政和貨幣政策以符合導入歐元的條件，但是顯然，英國並不認同為了導入歐元而付出如此大的努力。

洲各共同體」之下，1993 年《馬斯垂克條約》生效後轉變成歐盟，並漸漸從貿易實體轉變為經濟和政治聯盟。

選擇不導入歐元的英國

▲ 英國脫離歐盟，導入歐元的議題不再存在

英國於2016年6月23日舉行的公民投票選擇了脫歐的道路，所以導入歐元的可能性已不復存在。英國的公投是脫離歐盟或留在歐盟的二選一投票，最終結果，贊成脫歐的票數占51.9%，贊成留歐占48.1%。英國脫離歐盟一般簡稱為「Brexit」（脫歐），是取自「Britain」（英國）和「exit」（離開）二字的複合名詞。

儘管公投前英國政府不斷地釋出警告「脫離歐盟將對經濟造成巨大傷害」，但堅持脫歐的一派最終還是取得勝利，原因正是前面所說的，英國是一個非常重視主權的國家，許多民眾對於脫歐派所主張的「重新拿回主權」產生了共鳴。他們強烈反對並抵制將國家的權限委託給歐盟。所以說，導入歐元的這個議題或許在英國從一開始就不存在任何的可能性。

還有，英國的移民在脫歐之前的幾年已經創下史上最高紀錄，也

被認為是原因之一。大量的勞工不斷地從東歐國家湧入英國，引發了民眾對於就業的擔憂和危機感。

2017年3月29日，英國正式向歐盟遞交了脫歐通知，並開始展開一連串與歐盟之間有關關稅、人、貨物、服務的流動等相關問題的談判。

▲ 脫歐引發了劇烈的英鎊貶值、日圓升值

雖然英鎊相對於美元和歐元，交易量並不算太多，**但卻因為其中投機性的大筆交易占了相當的份量，使得英鎊成為價格波動較為劇烈的貨幣**。因此英鎊也以追求匯差收益的投機目標而聞名。

英鎊兌日圓的匯率從2003年後半至2008年年初，一直是呈現日圓貶值、英鎊升值的趨勢。2007年7月，英鎊兌日圓的匯率還一度來到1英鎊＝251日圓的價位，創了近年的紀錄。但是，2008年後半的金融危機導致了全球的經濟衰退，使得英鎊兌日圓的匯率呈現劇烈的日圓升值、英鎊貶值態勢，2009年1月一度觸及了1英鎊＝118日圓的價位，刷新了自1995年4月以來，大約14年來的英鎊歷史最低價位。

前面的章節提到英國脫歐的公投結果，完全出乎市場的預料之外，外匯市場因此受到了強烈的衝擊，也造成了急遽的英鎊貶值、日圓升值的匯率波動。2016年6月24日，當市場得知脫歐派獲勝後，原本日本時間上午1英鎊＝160日圓的匯率在下午迅速下跌至133日圓，短短的時間劇貶了27日圓。相比之下，同時間的美元兌日圓匯率波動振幅也僅約3日圓，可見英鎊的價格波動之劇烈。

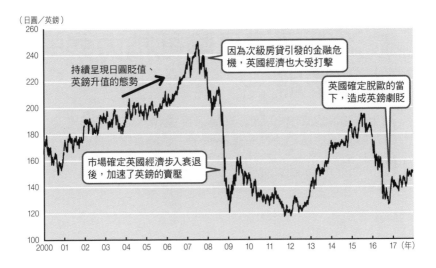

英鎊兌日圓的匯率走勢

（日圓／英鎊）

持續呈現日圓貶值、英鎊升值的態勢

因為次級房貸引發的金融危機，英國經濟也大受打擊

英國確定脫歐的當下，造成英鎊劇貶

市場確定英國經濟步入衰退後，加速了英鎊的賣壓

▲ 英鎊存款須注意高額的匯兌手續費

那麼，英鎊存款又如何呢？以2017年12月的時點來看，日本某銀行1年期的英鎊定期存款利率為0.100%（約當3萬美元以下），高於同時期的歐元定期存款利率。但是，在日本通常辦理定期存款（臨櫃辦理）的英鎊兌換手續費較高，為每英鎊單向4日圓。

假設現在以1英鎊＝150日圓的匯率存入英鎊存款為例，則每英鎊的雙向兌換手續費為8日圓。如果兌換日圓的匯率未能達到1英鎊＝158日圓的英鎊升值趨勢，是無法獲得匯差收益的。以目前的利率來看，這樣的金融商品成本似乎太高了。

6.3

政治、經濟風險抵抗力強的瑞士法郎

瑞士作為永久的中立國，享受來自世界其他國家的安全保證，所以瑞士法郎自然也成為戰爭、恐怖攻擊等危急時刻的避險貨幣。

▲ 全球最安全穩定的貨幣

瑞士的貨幣「瑞士法郎」（Swiss Franc）被公認為是「全球最安全穩定的貨幣」，主要原因還是在於瑞士的中立性。

瑞士位於歐洲中心地帶，雖然國土面積僅相當於日本的九州地區大小，卻擁有永久中立國的獨特地位。

所謂的永久中立國，是指即使他國之間發生戰爭，瑞士也會宣示始終保持中立的立場，因此才得以獲得其他國家承認瑞士為中立國的保障。瑞士因此也未加入歐盟，在政治、經濟上堅持保持一貫的中立態度。

對投資人而言，特別是富裕階層，當戰爭、恐怖攻擊等導致政治經濟風險升高時，與其說為了追求獲利，如何確保資產安全才是首要的考量。因此，一旦全球陷入政治經濟局勢的不穩定狀態，瑞士

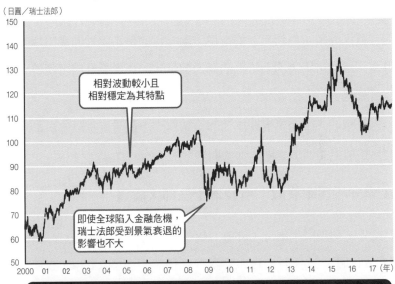

瑞士法郎兌日圓匯率的走勢

（日圓／瑞士法郎）

相對波動較小且
相對穩定為其特點

即使全球陷入金融危機，
瑞士法郎受到景氣衰退的
影響也不大

被稱為「有事買瑞士法郎」的瑞士法郎，其定位是與黃金相當，
戰爭、恐怖攻擊發生時的重要避險貨幣

法郎作為全球的避險貨幣，買入瑞士法郎的買盤便會開始進入，瑞士法郎便會呈現升值趨勢。

這種趨勢在2001年9月，美國同時發生多起恐怖攻擊事件之後變得更加明顯。美國本土一再受到恐攻因而導致市場的擔憂蔓延，「有事買美元」的神話崩潰，取而代之的是「有事買瑞士法郎」（Swiss Franc Buying for Safe Haven）和「有事買黃金」（Gold Buying for Safe Haven）（黃金→4.3節）。

因此，全球政治經濟局勢不穩時，瑞士法郎和金價有走強的趨

勢。

另外，瑞士的央行——瑞士國家銀行（Swiss National Bank，SNB）於2009年3月宣布降低利率的同時，也開始進行賣出瑞士法郎、買入外幣（如歐元）的市場干預。目的是希望透過賣出瑞士法郎達到增加市場上瑞士法郎的流通數量，防止通貨緊縮可能導致的經濟衰退。

大多數的先進國家根據以往的經驗教訓，都是盡量避免自己國家的貨幣貶值，而瑞士卻是唯一的例外。

▲ 棄守「匯率底線」引發瑞士法郎大震盪

此外，瑞士國家銀行（SNB）為了防止瑞士法郎升值，於2011年9月6日將歐元兌瑞士法郎的匯率底線設定為1歐元＝1.2瑞士法郎。為了維持這個匯率價格，瑞士甚至宣布將無限制祭出賣出瑞士法郎、買入歐元的市場干預。

然而，SNB卻於2015年1月15日突然又宣布棄守匯率的限制，市場稱這場引發外匯市場大動亂的事件為「瑞士法郎大震盪」（Swiss Franc Shock）。據市場參與者觀察，當時SNB判斷市場賣出歐元、買入瑞士法郎的趨勢已經難以抵擋，一味地維持匯率底線已經不可能了。

因此，瑞士法郎棄守匯率的消息一出，瑞士法郎兌各種外幣的匯率即刻大幅飆漲。當時的瑞士法郎兌日圓匯率一度也從1瑞士法郎＝115日圓急升至162日圓左右，上漲約47日圓之後又呈現大幅下跌，完全已成大亂鬥的狀態。

面對如此大的混亂，最終還是由SNB進場干預才使得外匯市場逐漸恢復了穩定。而瑞士法郎至今依然還是重要的避險貨幣，有其不可撼動的地位，有事買瑞士法郎的市場意識依然存在。

▲ 存款利率不高，但匯兌手續費便宜

至於瑞士法郎存款，在日本的商業銀行和地方性的大型銀行均可兌換設定存款。截至2017年12月統計，1年期的瑞士法郎定期存款利率為0.010%（約當3萬美元以下），利率並不算高。

但是，正如之前所說明，瑞士法郎的魅力在於被公認為世界上最安全且最穩定的貨幣。匯兌手續費一般為每瑞士法郎單向45分，相較於歐元和英鎊算是相當便宜。

6.4

資源型國家的貨幣實力逐漸抬頭

以天然資源出口賺取收益的資源型國家的貨幣，容易受到商品價格和資源進口國的經濟的影響。其中，澳幣、加拿大幣和南非幣都是較具代表性的貨幣。

▲ 資源型國家的貨幣會受到商品價格和進口國景氣的影響

對於能源幾乎完全仰賴進口的日本而言，擁有豐富的天然資源實在非常令人羨慕，確實全球也有好幾個國家擁有非常豐富的石油、煤炭、鐵礦砂等天然資源。

這些可將天然資源大量出口的國家之貨幣，我們稱之為「**資源型國家貨幣**」（**Resource Country Currency**）或「**商品貨幣**」（**Commodity Currency**）。

其中較具代表性的資源型國家貨幣有：澳洲的澳幣（AUD）、加拿大的加拿大幣（CAD）和南非的南非幣（ZAR）。

近年來，資源型國家貨幣頗受市場好評，越來越多人將其視為新的投資選擇，但這些貨幣的價值常常取決於以下因素，商品貨幣的匯率波動也因此受到較大影響：

- 原油和黃金等的商品價格上漲→資源型國家的景氣上升→買入資源型國家貨幣→貨幣趨向升值
- 原油和黃金等的商品價格下跌→資源型國家的景氣衰退→賣出資源型國家貨幣→貨幣趨向貶值

同時，資源型國家貨幣的價值，很大程度也會受到商品價格的波動和進口國的景氣所影響。資源型國家的貨幣常形成以下變化：

- 進口國的景氣上升→資源型國家的出口量增加→資源型國家的景氣上升→買入資源型國家貨幣→貨幣趨向升值
- 進口國的景氣衰退→資源型國家的出口量減少→資源型國家的景氣衰退→賣出資源型國家貨幣→貨幣趨向貶值

▲ 資源價格上漲，推升澳幣的升值

澳洲的經濟原動力來自於各種的天然礦產資源。據說整個澳洲大陸幾乎都蘊藏豐富的鐵礦砂。澳洲的出口前五大產品分別為：鐵礦砂（占20.9%）、煤炭（占16.0%）、金礦（占7.3%）、天然氣（占7.2%）和牛肉（占2.9%）。根據2016年日本JETRO[3]的調查統計，

---

3 JETRO：日本貿易振興機構（Japan External Trade Organization，簡稱JETRO）。為日本對外的貿易組織，主要業務是全方位並有效地執行促進日本貿易振興的相關事項，定期發布並提供貿易等相關資訊。類似台灣的「中華民國對外貿易發展協會」（Taiwan External Trade Development Council，簡稱TAITRA）。

澳幣與黃金價格的關係緊密

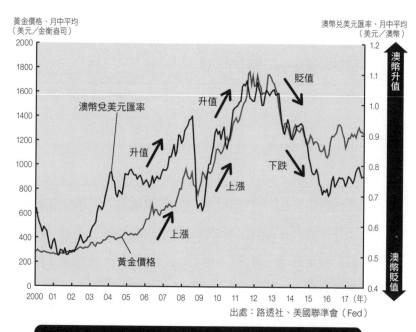

黃金價格、月中平均
（美元／金衡盎司）

澳幣兌美元匯率、月中平均
（美元／澳幣）

澳幣升值

澳幣兌美元匯率

升值

貶值

升值

上漲

下跌

上漲

黃金價格

澳幣貶值

2000 01 02 03 04 05 06 07 08 09 10 11 12 13 14 15 16 17（年）

出處：路透社、美國聯準會（Fed）

**澳洲的經濟原動力來自於各種豐富的礦產資源，
所以國際礦產價格的漲跌與澳幣的升貶息息相關**

能源和礦產資源就占了澳洲整體出口的半數以上。

　澳洲也是僅次於中國，為全球第二大的黃金出產國，如圖所顯
示，黃金的價格和澳幣的匯率走勢呈現相對較緊密的正相關。

▲ 相較於其他先進國家，澳洲的存款利率相對較高

　澳洲是先進國家之中存款利率相對較高的國家，外幣存款也廣受
其他國家的歡迎。

但是，根據2017年12月的資料，澳洲的政策利率是1.5%，而當時澳幣的一年期定存利率卻只有0.800%（約當3萬美元以下）。即使是這樣的利率，跟日本的利率比起來已經算是高利率了。

在換匯的手續費方面（臨櫃辦理），一般是每澳幣單向2日圓，和歐元的1.5日圓相比，稍微高了一些。

假設現在以1澳幣＝80日圓的匯率存入澳幣存款，則每澳幣的雙向兌換手續費為4日圓。因此，如果在存款之外想再獲取匯差收益的話，則澳幣兌日圓的匯率就必須達到1澳幣＝84日圓之上的澳幣升值趨勢才可以。

美國和日本都是極容易受到天然資源漲價影響的國家，而澳洲卻是恰恰相反。也因為**天然資源漲價＝澳幣升值**，所以對於想存入澳幣存款的投資人而言是非常容易觀察的判斷資訊。

▲ 明顯受到原油價格影響的加拿大幣

加拿大西臨太平洋、東瀕大西洋，北部延伸至北極圈，國家領土面積居世界第二大。不僅國家幅員廣闊還擁有豐富的原油、天然氣、煤炭等能源和礦產資源，其中原油蘊藏量也是世界第二大。

回顧以往的歷史，原油輸出國往往伴隨著如中東國家般的政治不穩定，但加拿大卻是一個政局穩定的國家。

也因為加拿大的政治經濟相對穩定，加拿大幣的漲跌反而容易受到原油價格的影響。**當原油價格上漲時，加拿大幣也會隨之升值，而當原油價格下跌時，加拿大幣則會趨向貶值。**

由下圖可以很清楚看到，WTI（West Texas Intermediate，西德州

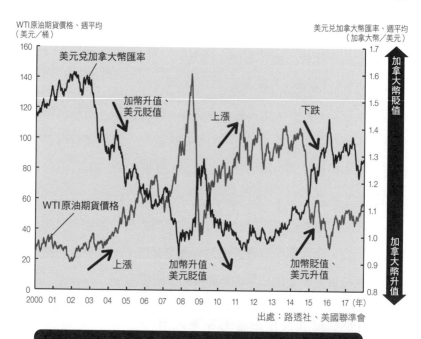

原油價格的上漲帶動加拿大幣的升值

WTI原油期貨價格、週平均
（美元／桶）

美元兌加拿大幣匯率、週平均
（加拿大幣／美元）

美元兌加拿大幣匯率

加幣升值、
美元貶值

上漲

下跌

WTI原油期貨價格

上漲

加幣升值、
美元貶值

加幣貶值、
美元升值

加拿大幣貶值

加拿大幣升值

2000 01 02 03 04 05 06 07 08 09 10 11 12 13 14 15 16 17 (年)

出處：路透社、美國聯準會

**原油蘊藏量占世界第2位的加拿大政局穩定，
加幣的波動絕大部分是受原油價格的影響**

中級原油）的原油期貨價格（美國主要的原油指標）和加拿大幣兌
美元匯率之間的關係變化。

在日本，有受理加拿大幣存款業務的銀行並不多，目前所知僅限
於Sony Bank、住信SBI網路銀行（日文：住信SBIネット銀行，
SBI Sumishin Net Bank）和新生銀行（Shinsei Bank）。根據2017年
12月的資料，一年期的加拿大幣定存利率約為0.3～1.10%。而加拿

大幣的兌換手續費也不昂貴，單向換匯僅收取50分的日圓。

▲ 存款利率高、換匯手續費便宜的南非幣

南非是資源豐富的國家當中，仍屬於新興經濟體的國家，而各國對南非未來的經濟發展大多抱有很高的期待，主要是因為南非盛產重要的黃金、鉑金、鑽石等礦物資源。近年來則以高存款利率而廣受歡迎。

在日本，接受南非幣存款的銀行也不多，根據2017年12月資料，也僅有SMBC信託銀行（SMBC Trust Bank）、新生銀行、樂天銀行（Rakuten Bank）等少數銀行，而南非幣1年期的定存利率通常高達4.25～6.2%。

單向換匯手續費約為每南非幣20～40分日圓左右。

相較於日圓存款的微薄利率，可見南非幣有多麼迷人。

▲ 南非幣的問題在於脆弱的經濟和過小的貨幣交易量

然而，正如俗話所說，「並非所有會發光的都是黃金」，如果只看到高利率就跳進去，那可就太危險了。首先，南非的貿易餘額長期以來一直處於赤字狀態，絕對是導致貨幣走向貶值的重要原因。還有高達6.34%（2016年統計）的高通貨膨脹率也是引發貨幣貶值的種子。

2006年的初期，南非幣兌日圓匯率曾達到1南非幣＝19日圓，但到了2008年10月就貶到了1南非幣＝7日圓價位，2016年6月再度貶值到1南非幣＝6日圓。到了2017年12月，匯率才回升到1南非

南非幣兌日圓匯率的走勢

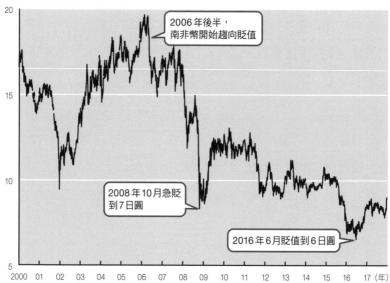

（日圓／南非幣）

2006年後半，
南非幣開始趨向貶值

2008年10月急貶
到7日圓

2016年6月貶值到6日圓

幣＝8日圓（見圖）。

還有，由於南非的經濟脆弱且貨幣交易量有限，一旦國家出現任
何問題（包括政治問題），極可能造成匯率的巨幅波動。

因此，有意參與南非幣交易的投資人，一定要非常注意這些問
題。

6.5

從有效匯率指數可看出各國貨幣的綜合實力

所謂的有效匯率指數是衡量本國貨幣對外的貨幣強度指標。因為僅從美元兌日圓的匯率並無法判斷日圓的真正實力，所以一般會採用有效匯率指數作為判斷的依據。

▲ 有效匯率指數上升表示日圓升值，下跌表示日圓貶值

外匯市場，因為存在各種貨幣的買賣，有時美元兌日圓匯率呈現日圓貶值，然而歐元兌日圓匯率卻呈現日圓升值，在這種情況下，到底日圓是升值還是貶值呢？

此時便可使用「有效匯率指數」（Effective Exchange Rate）作為判斷的準則。

所謂的有效匯率指數是**貨幣的綜合實力指標**，而非只由例如美元兌日圓或是歐元兌日圓的匯率來進行判斷。

就像在股票市場每天的交易中，有股票上漲，也有股票下跌，此時市場會使用代表市場全體股票平均的日經平均指數或是TOPIX（東證股價指數）等指標來表示整體市場漲跌的狀態。而外匯市場的有效匯率指數，就是扮演同樣的角色。

其中，有效匯率指數又分為「名目有效匯率指數」（Nominal Effective Exchange Rate，NEER）和「實質有效匯率指數」（Real Effective Exchange Rate，REER）兩種。日銀每個月都會公布這兩種與日圓相關的匯率指數。

①名目有效匯率指數

將本國貨幣與其他國家貨幣的匯率，根據自己國家與各國之間貿易關係的強弱，綜合計算所得的數據指數。主要用於衡量該貨幣在貿易方面的對外競爭力。

②實質有效匯率指數

在名目有效匯率指數的基礎上，再加上物價的變動因素所得出的指數。之所以加上物價變動的考量，主要是因為對外的競爭力一定會受到本國或是進口國的物價上漲所影響。

以上的匯率指數，以日本而言，日銀也會公布這些匯率指數，而數據的來源則是採用國際清算銀行（BIS）所公布的廣泛有效匯率指數。所謂的廣泛有效匯率指數總共大約涵蓋了60個國家和區域的貨幣所組合計算的有效匯率指數。

此外，在日本，匯率的表示方式一般是採用如「1美元＝100日圓」的方式，來表示1單位的外幣可以兌換多少日圓。

但是，有效匯率指數則是以「1日圓＝0.01美元」的方式，來表示1日圓可以換得多少外幣。

因此，如果是一般的匯率，例如匯率從1美元兌換100日圓增加

到150日圓時，我們會稱為日圓貶值。但有效匯率指數卻剛好相反。當計算出的指數上升時，則是代表日圓升值，而指數下降，則代表日圓貶值。這些不同的數字表示方式可能有些混亂，所以請當心不要混淆了。

▲ 實質有效匯率指數可以看出貨幣的強弱

以下的圖，是以2010年12月末為100的指數為基準，顯示實質有效匯率指數的走勢圖。

圖中，曲線頂端的①表示1995年4月當時的實質有效匯率指數大幅攀升至150.83的狀況。在此期間，美元兌日圓匯率也是持續呈現日圓升值、美元貶值的走勢，並在同年4月創下了史上最高日圓價位1美元＝79.75日圓。

相反地，②則是2015年6月實質有效匯率指數大幅跌至67.86。同年6月，美元兌日圓匯率因為受到安倍經濟學（→2.9節末）的影響，日圓一度貶至1美元＝125日圓後半價位。

實質有效匯率指數不只是反映了兌美元的關係，同時也反映了與其他貨幣之間的關係。只是日圓的實質有效匯率指數，因為對美國的出口金額占了日本的出口總額非常高的比重，因此美元兌日圓的匯率和實質有效匯率指數的走勢在一定程度上會有很高的相似度。

本節最後的圖，則是美元兌日圓匯率和實質有效匯率指數之間的比較。美元兌日圓匯率從2012年10月到2015年6月，匯率從1美元＝77.80日圓開始大幅走貶至125.80日圓，呈現大幅的日圓貶值、美元升值趨勢。這段時期的美元大約升值了61%。

日圓的實質有效匯率指數走勢

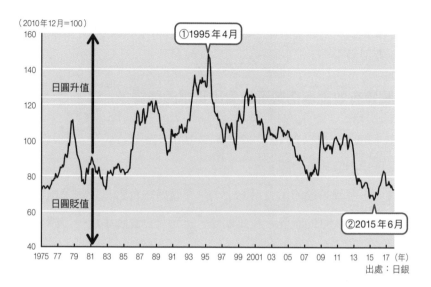

（2010年12月＝100）

①1995年4月

日圓升值

日圓貶值

②2015年6月

1975 77 79 81 83 85 87 89 91 93 95 97 99 2001 03 05 07 09 11 13 15 17 (年)

出處：日銀

　　另一方面，在此時期的實質有效匯率指數也從99.56下跌至71.6，也出現了類似的日圓貶值走勢。下跌比率約為29%。從以上數據我們可以得出以下結論：

- 美元的價值相對於日圓大約上升了61%。
- 包含美元在內的外幣價值相對於日圓大約上升了29%。

　　所以可以說，日圓相對於美元的貶值幅度，遠超過日圓相對於美元以外的其他外幣的貶值幅度。

美元兌日圓匯率與實質有效匯率指數的比較

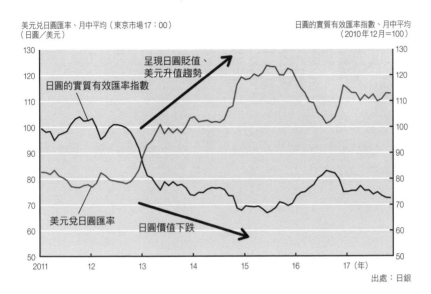

美元兌日圓匯率、月中平均（東京市場17：00）
（日圓／美元）

日圓的實質有效匯率指數、月中平均
（2010年12月＝100）

呈現日圓貶值、
美元升值趨勢

日圓的實質有效匯率指數

美元兌日圓匯率

日圓價值下跌

出處：日銀

6

美元之外的其他貨幣實力如何？

223

6.6
虛擬貨幣的影響力可能擴展到什麼程度？

「虛擬貨幣」帶著極強的存在感正在全球迅速蔓延。與此同時，各國央行也已經開始檢討電子貨幣（數位貨幣）的可能性。

▲ 匯款無國界的虛擬貨幣

所謂的虛擬貨幣是一種可以在網路上使用，且沒有法律效力的無國籍貨幣。任何人只要在網路上的虛擬貨幣交易所開設帳戶，就可以無關國界隨意地在世界的任何地方進行資金的匯出和接收。**即使沒有銀行帳戶，只要有網路環境，就可以將資金轉帳到世界各地。**

目前，最具代表性的就是比特幣（Bitcoin）。對於使用者而言，比特幣具有以下優點：

①低廉的國外轉帳成本

一般在銀行申請國外轉帳，光是轉帳手續費可能就要數千日圓，而比特幣卻只需極少的費用便可完成轉帳（但需要注意的是，隨著轉帳提現次數的劇增和兌換匯率升值等因素，也可能導致轉帳手續

費增加）。而且，無論假日全年無休無時無刻，也幾乎是同時即可將款項轉至對方帳戶。

②個人和企業之間也可以直接轉帳

傳統的貨幣轉帳，需要藉由金融機構才可以進行資金的移轉，但是，比特幣可以直接在個人和企業之間任意匯出與接收。根據2017年12月統計，日本國內接受比特幣的商家已經超過1萬家，未來還有望繼續快速擴增。

③可以積極追求價差收益

比特幣的價格如同外匯匯率和股票價格一般，取決於買方和賣方之間的供需均衡。透過比特幣交易所，可以隨時按照當時的實際價格進行買賣，因此也可以積極地追求價差收益。有些交易所還有類似外匯保證金交易的比特幣保證金交易。但是，必須要注意的是，比特幣具有非常大的價格波動風險，一定要格外留意。

順便一提，或許讀者們會覺得比特幣很類似於將貨幣轉換為電子數據的電子錢包，但不同的是，電子錢包僅僅是現金的替代品，其價格不會改變，且無法在國外使用或進行個人之間的資金交換。

▲「區塊鏈」是支撐虛擬貨幣的新技術

比特幣與美元、日圓等不同，並不是由國家、中央銀行或金融機構所發行和管理的貨幣。儘管安全性經常受到質疑，但現階段的確毫無疑問地可以在網路上進行數位貨幣的買賣交易。這是得力於被

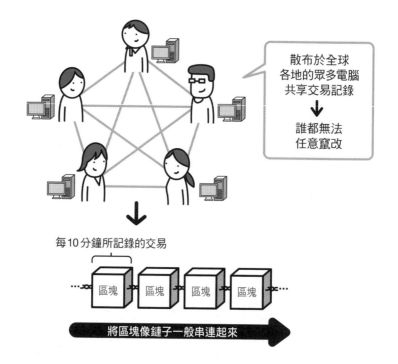

每隔10分鐘記錄的交易訊息

散布於全球
各地的眾多電腦
共享交易記錄
↓
誰都無法
任意竄改

每10分鐘所記錄的交易

區塊　區塊　區塊　區塊

將區塊像鏈子一般串連起來

稱為「區塊鏈」（Blockchain）的新技術。

所謂的區塊鏈是指可以將散布於全球各地的眾多電腦，藉由網路的連線相互監視並共享交易記錄的機制。而且將一段時間內的交易數據打包成「區塊」，再將這些「區塊」像「鏈子」一般串連起來加以管理，所以稱為「區塊鏈」。

在此我們不涉及專業技術的細節，比特幣的每筆交易記錄都必須加密，而要解開這些加密資料則必須要有解密的「鑰匙」。世界各地參與比特幣挖礦的參與者就稱為礦工，礦工可以透過使用電腦相

互競爭尋找這把鑰匙。找到鑰匙並生成區塊的人，將可獲得12.5枚比特幣的成功報酬（根據2017年12月資料，1比特幣〔BTC〕約為160萬日圓）。

這種區塊的生成過程約每10分鐘會重複一次，從過去到現在，所有的交易均會被記錄並且公開。由於全球的電腦都必須相互驗證交易記錄，因此沒有人能夠擅自偽造或篡改記錄。

換言之，如同傳統的法定貨幣（可用於履行金錢債務的手段且具有法律效力的貨幣）受到國家等機構的保護一樣，比特幣則是透過參與者成功取得報酬所形成的區塊鏈，來確保貨幣的安全性。

根據2017年12月資料，比特幣是目前市值最高的虛擬貨幣，據稱目前全球已發行了1,000多種虛擬貨幣。市值排名如圖所示。

▲「無國籍貨幣」對現有貨幣的影響？

美元、日圓等法定貨幣與虛擬貨幣最根本的差異在於，法定貨幣的發行主體是國家或中央銀行，歸屬於國家之下並加以管理。而虛擬貨幣並沒有發行主體，不受特定國家或中央銀行的控制，所以虛擬貨幣也被稱為「無國籍貨幣」（Stateless Currency）。

比特幣最早引起關注是在2013年的春天，當時地中海的島國賽普勒斯（Cyprus）正面臨財政危機，國際貨幣基金（IMF→5.6節）也願意提供財政援助，但條件是必須凍結銀行存款和課徵存款稅，結果便導致了賽普勒斯國內的資金逃亡潮。也正是此時，該國許多人將本國的貨幣歐元換成了比特幣（BTC）避難。

這個事件也導致了歐元的信用下跌，BTC在歐洲一炮而紅廣受歡

虛擬貨幣的市值排名

排名	名稱	當時市值總額	貨幣發行量
1	Bitcoin（比特幣）	約 1,659 億美元	約 1,671 萬 BTC
2	Ethereum（以太幣）	約 418 億美元	約 9,605 萬 ETH
3	Bitcoin Cash（比特幣現金）	約 225 億美元	約 1,683 萬 BCH
4	Ripple（瑞波幣）	約 95 億美元	約 386 億 XRP
5	Dash（達世幣）	約 61 億美元	約 772 萬 DASH

（2017 年 12 月 1 日資料）

迎，並且價格也隨之大漲。2013 年年初，1 枚僅價值 20 美元的 BTC，到了同年 3 月，就大漲到超過 200 美元。

同一時期，中國也在人民幣貶值的背景下，導致資金快速轉向 BTC。也因為中國是個嚴格控管資金外流的國家，因此政府難以掌握的 BTC 也開始被視為重要資產。基於以上的各種因素，2013 年 12 月 BTC 價格已經暴漲超過 1 BTC ＝ 1,100 美元。之後，由於中國政府為了防止資金外流而開始查禁金融機構的比特幣交易，價格才因此應聲下跌。

此後的比特幣就不斷地在經濟、金融危機、恐怖攻擊等突發事件以及各國政府的新金融監管措施之間，價格反覆來回地震盪。也正因為這樣劇烈的價格波動，比特幣也成為顯著的投機標的。

據稱，比特幣交易中有超過 80% 的比例來自於中國市場，但是，

近期最顯著的是日本的交易量也占了相當大的比例。此外，2017年12月，比特幣期貨在美國的期貨交易所上市，美國的對沖基金也加入其中。在此期間，比特幣一天內還曾經出現約30%的暴跌。

▲ 各國央行開始考慮發行電子貨幣

基於上述情況，各國中央銀行開始思考發行具有法律效力的電子貨幣（數位貨幣）。由於比特幣等虛擬貨幣也在全球擴散流通，政府開始擔憂自己國家的貨幣可能面臨流通比重的減少，導致金融政策失序等等的問題出現。

國際清算銀行（BIS）也曾於2015年11月發行的「央行數位貨幣」（Central Bank Digital Currencies，CBDC）報告中分析指出，隨著虛擬貨幣的經濟範圍擴大，可能會損害中央銀行的角色，造成貨幣發行利益的減少，進而可能導致中央銀行的收益減少。

所謂貨幣的發行利益，是指中央銀行能夠以無利息、低成本的方式發行貨幣所取得的鑄幣稅（Seigniorage），也就是中央銀行鑄造或印刷的貨幣面額減去成本費用所形成的差額即為鑄幣稅。報告指出，如果虛擬貨幣廣泛普及而且取代了國家的法定貨幣，造成貨幣的發行量減少，即可能對中央銀行的資產負債表產生負面的影響。

因此，如果虛擬貨幣廣為普及，各國中央銀行勢必要因應虛擬貨幣的競爭，被迫發行自己的數位貨幣，以提高本國貨幣的便利性。

▲ 日本的民間銀行也朝向發行虛擬貨幣的方向發展

近來，日本的商業銀行也有計畫開發虛擬貨幣的發行。銀行如果

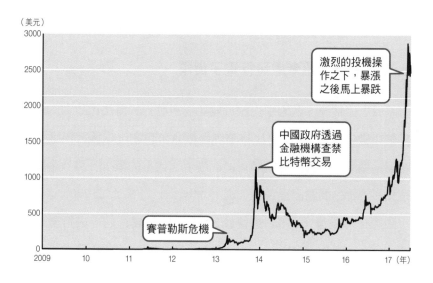

比特幣的價格波動劇烈

（美元）

激烈的投機操作之下，暴漲之後馬上暴跌

中國政府透過金融機構查禁比特幣交易

賽普勒斯危機

自行發行虛擬貨幣，勢必會造成銀行轉帳手續費等的獲利減少，但如果不採取行動，也深怕支付服務可能會被其他虛擬貨幣或是如「支付寶」、「Apple Pay」等的手機支付所取代。

例如，日本的瑞穗金融集團（Mizuho Financial Group）、郵貯銀行（Japan Post Bank）和數十家地方銀行計劃於2020年之前發行與日圓等值交換的虛擬貨幣「J幣」（J-Coin）。透過智慧型手機的專用應用程式（app）的設定，可以從自己的銀行帳戶提取日圓並轉換為J幣。J幣可以用於支付購物，也可用於個人、自營業者和企業之間的直接轉帳（個人之間的手續費為零）。

一旦日本的國內銀行開始提供這項服務，虛擬貨幣想必將迅速融入我們的生活。以往的貨幣概念，在不久的將來可能會刷新了我們既有的印象。

Part 7

外匯市場的波動法則及解讀與思考方式

7.1

美元兌日圓匯率的「1月效應」是年度趨勢的參考指標

每年1月份的美元兌日圓的匯率走勢和全年的趨勢大部分的時候都雷同,這已是市場常見的經驗法則,也是有意開始投入美元存款等交易的參考依據。

▲「1月效應」的準確率,43年之間約占7成

「如果觀察每年1月份的匯率走勢,幾乎就可以預測當年外匯市場的趨勢。」

這就是所謂美元兌日圓匯率「1月效應」(January Effect)的經驗法則。美國股市一樣也存在類似的說法。

當然,交易的世界並不存在100%,沒有百分之百的準確,只是回顧過去的資料,這樣的機率還算是高的。相較於短時間之內交易頻繁的外匯交易員,這樣的經驗法則對於一般計畫持有一年期左右的美元定存的投資人而言,可能更具有參考價值。

例如,我們可以回顧一下2013年的美元兌日圓匯率。

由日銀所公告的東京外匯市場的統計數據可以看出,該年度1月的第一個交易日開盤價(9:00的匯率)為87.72日圓,1月的最後一

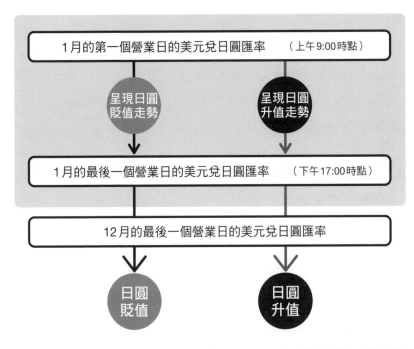

所謂美元兌日圓匯率的1月效應

1月的第一個營業日的美元兌日圓匯率　　（上午9:00時點）

呈現日圓貶值走勢　　　　呈現日圓升值走勢

1月的最後一個營業日的美元兌日圓匯率　　（下午17:00時點）

12月的最後一個營業日的美元兌日圓匯率

日圓貶值　　　　日圓升值

個交易日收盤價（17:00的匯率）為90.92日圓。從這兩個時點可以看出，該年度1月的外匯走勢呈現日圓貶值、美元升值的態勢。

接下來，讓我們看一下該年12月的統計數據，該年最後一個交易日收盤價為105.37日圓。與1月第一個交易日的開盤價87.72日圓相比，儘管途中幾經波折，但整體2013年的匯率走勢也是呈現日圓貶值、美元升值的走勢。在前1年的12月，第二次安倍內閣就任，「安倍經濟學」隨之啟動。之後的2013年4月，由總裁黑田東彥領導的日本銀行（日銀）確定了所謂的「非傳統的貨幣寬鬆」政策，這使得日圓貶值、股市上漲的趨勢更加明確。

根據統計數據顯示，日本從1974年轉向採用浮動匯率制後至2017年的44年間，符合1月效應的年份共有31次，不符合的有13次，準確率高達70.5%。

以美元存款為例，若是存入存款之後美元匯率走勢呈現日圓貶值、美元升值的態勢，則到期時就有可能獲得匯差收益。相反地，如果1月份的匯率走勢呈現日圓升值、美元貶值，根據1月效應法則，如果年初存入美元的定期存款，年終可能就要面臨不利的匯率走勢。

▲ 近年受「不確定」因素增加的影響，導致「1月效應」的準確率下滑

為什麼會發生像「1月效應」這樣的現象呢？

有人認為「市場的參與者都知道這個經驗法則，所以會在預期的基礎上採取行動，當然符合這個趨勢法則的年度就會逐年增加」。這有點像「先有雞還是先有蛋」的問題，但確實投資人也可能事先早有這樣的心理盤算。

但是，最能說服人的解釋還是，外國的機構投資人通常是以曆年制的每年1月為起點和12月為終點作為全年計畫的基準，再依據1年之中各種可能的情境假設和相應的市場趨勢進行外匯市場的交易操作。

例如每年1月的月初，當日本人還沉浸於新年休假的氛圍時，歐美的機構投資人已經結束了愉快的聖誕假期，開始進入一個新年度的資金運作。歐美的機構投資人通常會在每年的1月份，根據全年的各種情境假設（如經濟環境、匯率和利率預測）建立各個時期可

能的資金部位（→7.2節中段）。市場也認為這些機構投資人的行動很大程度會影響外匯市場整年度的趨勢走向。

但是，1月效應也不見得年年都適用，近年來不適用的年度變得越來越常見。其中是否存在著什麼因素呢？

根據統計，不符合1月效應的年度就有：1975年、1978年、1985年、1995年、1999年、2002年、2007年、2009年、2011年、2012年、2014年、2015年和2016年。

其中，2007年之前不符合的7個年度當中，有6次都是該年度發生了足以影響匯率走勢的重大事件。例如，1985年的廣場協議、1995年的日美政府聯合干預，導致美元匯率跌破1美元＝80日圓，以及2007年的美國房市泡沫破滅（次級房貸所引發的金融危機）。以上這些年份，即使是歐美的機構投資人也都迫於局勢不得不中途改變原來的市場觀點，匯率走勢自然就與1月時的規畫背道而馳了。

此外，2009年之後到2017年的8年之中，1月效應依然表現不佳，成績為「2勝6敗」。而這個時期的關鍵字則是「不確定性」，這個名詞在這段時間儼然成了各國央行總裁的慣用語。

2008年9月有「雷曼兄弟破產」所引發前所未有的金融海嘯，之後透過「政策的全面啟動」，世界經濟在短時間之內便出現了Ｖ型反轉，但前所未有的大規模貨幣寬鬆政策該如何退場、歐洲的統合政策又將何去何從、全球化的趨勢是否持續前進等等，都是難以確定的不透明因素，這也使得全年的情境設定變得更加困難。全年之中，意想不到的事件層出不窮，匯率走勢似乎一直也未能回歸到「正常時期」的軌道。

過去43年間符合「1月效應」的情況

年	1月開盤	1月收盤	12月收盤	1月效應	年度大事
1974	279.99～280.00	298.40～299.15	300.50～300.97	○	─
1975	300.95～300.99	297.60～298.40	305.15	×	越戰結束
1976	305.50	303.65～303.87	293.00	○	─
1977	292.80	288.25	240.00	○	─
1978	237.90	241.74	195.10	×	─
1979	197.00	201.40	239.90	○	蘇聯入侵阿富汗、第2次石油危機
1980	239.00	238.80	203.60	○	─
1981	202.80	205.20	220.25	○	美國總統雷根就職
1982	219.80	228.45	235.30	○	─
1983	230.40	238.40	232.00	○	─
1984	233.60	234.74	251.58	○	─
1985	252.50	254.78	200.60	×	廣場協議
1986	202.95	192.65	160.10	○	─
1987	158.30	152.30	122.00	○	羅浮宮協議、黑色星期一
1988	120.45	127.18	125.90	○	─
1989	123.98	129.13	143.40	○	柏林圍牆倒塌
1990	145.55	144.40	135.40	○	伊拉克入侵科威特
1991	132.90	131.40	125.25	○	波斯灣戰爭、蘇聯解體
1992	124.03	125.78	124.65	○	英鎊危機
1993	124.86	124.30	111.89	○	美國總統柯林頓就職
1994	112.78	109.55	99.83	○	─
1995	100.88	98.58	102.91	×	日圓急升、日美聯合干預買入美元
1996	104.64	106.92	115.98	○	─
1997	116.87	122.13	129.92	○	亞洲金融風暴

年	1月開盤	1月收盤	12月收盤	1月效應	年度大事
1998	132.09	127.34	115.20	○	俄羅斯盧布危機
1999	112.79	116.98	102.08	×	外國人積極買入日股
2000	100.72	106.90	114.90	○	美國總統布希就職、IT網路泡沫破滅、日銀解除零利率政策
2001	113.87	116.38	131.47	○	日銀實施量化寬鬆政策、美國爆發多起恐攻事件
2002	131.74	132.94	119.37	×	美國安隆會計弊案、國際信評機構調降日本公債評等
2003	119.76	119.21	106.97	○	伊拉克戰爭、外國人積極買入日股
2004	106.96	105.88	103.78	○	美國總統布希當選連任
2005	102.76	103.58	117.48	○	人民幣升值
2006	115.97	117.18	118.92	○	美國聯準會主席交接
2007	119.37	121.34	113.12	×	美國次級房貸危機
2008	109.52	106.63	90.28	○	世界景氣衰退、石油價格暴跌
2009	92.09	89.51	92.13	×	美國總統歐巴馬就職
2010	92.76	90.19	81.51	○	希臘債務危機
2011	81.68	82.04	77.57	×	歐元危機惡化
2012	76.74	76.30	86.32	×	美國總統歐巴馬連任、安倍經濟學啟動
2013	87.72	90.92	105.37	○	日銀總裁交接、導入非傳統量化寬鬆政策
2014	104.92	102.49	119.80	×	日本消費稅調漲至8%
2015	120.41	117.90	120.42	×	人民幣貶值
2016	120.32	120.63	117.11	×	日銀負利率政策、川普當選美國總統
2017	117.65	113.53	112.65	○	北韓核危機

7

外匯市場的波動法則及解讀與思考方式

7.2
市場的熱門議題影響外匯市場的波動

外匯市場總是不時地會受到各種市場矚目議題的影響。但只要議題明朗化了，市場的未來走向便能輕鬆掌握。

▲ 清楚掌握市場的關注要點至為重要

「投資如同選美比賽的投票。」

這是英國著名的經濟學家凱因斯（John Maynard Keynes）所提出的理論。所謂的選美投票是發給參賽人100位女性的照片，讓參賽人投票選出最美的一位，雀屏中選照片的投票參賽人即可獲得獎品。

為了得到獎品，參賽人一般會投給那些被認為大多數人會選擇的最美女性的照片，而不是根據自己的喜好去選擇。

這樣的選美投票和外匯市場的走勢又有何相似之處呢？因為，這兩者都是為了取得最後的勝利，不能只是堅持自己的觀點，重要的是還必須加上揣摩其他參賽者的想法和行動來進行投票（交易）。

所以推測市場上多數人的想法，**抓住市場目前最受關注的議題，**

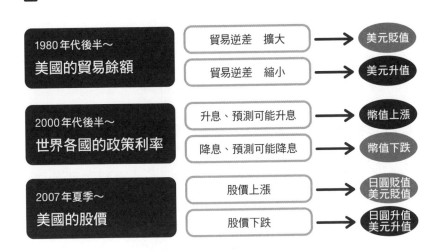

外匯市場的熱門議題變遷

| 1980年代後半~
美國的貿易餘額 | 貿易逆差 擴大 → 美元貶值 |
| | 貿易逆差 縮小 → 美元升值 |

| 2000年代後半~
世界各國的政策利率 | 升息、預測可能升息 → 幣值上漲 |
| | 降息、預測可能降息 → 幣值下跌 |

| 2007年夏季~
美國的股價 | 股價上漲 → 日圓貶值 美元貶值 |
| | 股價下跌 → 日圓升值 美元升值 |

也就是市場的「**熱門議題**」非常重要。市場的熱門議題會根據不同的時空環境而有所變化，但如果能深入了解這些議題，就能避免被過多的訊息所干擾，更容易預測市場的走勢。

例如，1980年代後半，「美國貿易收支」問題成為了當時市場最大的熱門議題，時刻牽動著外匯市場的變化。當時的美國正處於貿易逆差逐年擴大的態勢。美國的貿易逆差不斷擴大一事，也意味著美國由於商品與服務的進口多於出口，不斷地向全世界散布美元，進而導致市場預測美元可能因為過多的供給，不但可能造成美元的下跌，還可能引發政治上的貿易摩擦。

美元的供給過剩，根據供給與需求理論，理應牽動外匯市場的美元貶值。但是1980年代初期美國貿易逆差逐漸形成之際，美元依舊難見跌幅，所以才有了1985年的「廣場協議」，試圖透過各國的

共同協調干預誘導美元貶值，以解決當時的貿易失衡。

　　當時，筆者還只是一名外匯交易員，美國的貿易餘額數據顯然就是當時市場上最重要的經濟指標之一，對外匯市場具有重大的影響力。因此，每個月每到數據公布的日子，筆者都會留在辦公室，直到日本時間晚上10:30（夏令時間為晚上9:30）的結果揭曉為止。

▲ 日圓利差交易生氣盎然，利差引發關注

　　自2000年代後半之後，「各國貨幣政策的走向」浮上檯面成了市場關注的議題。「升息及預測可能升息」成了該國貨幣買入的重要題材，而「降息及預測可能降息」則是該國貨幣賣出的因素。

　　這個原因的背後事實上還隱藏著「利差交易」（Carry Trade）蓬勃的交易模式。所謂的利差交易就是借入超低利率的貨幣如日圓或瑞士法郎，然後再兌換成高利率的貨幣如歐元等進行資金的操作，用以賺取利差的交易。在下圖中，借入日圓進行資金操作的情況就稱為「日圓利差交易」（Yen Carry Trade）。當時，由於使用日圓進行日圓套利投資的模式在全球不斷蔓延擴散，造成了日圓的快速貶值。但是，這樣的利差交易投資也是一種經濟泡沫。2007年美國的次級房貸泡沫破滅之後，利用日圓利差交易的投資人遭受了巨大的損失，無法再承受市場的風險，所以被迫必須減少手中的資金部位（指賣出或買入某一資產的投入資金，也稱為「持有部位」〔Position〕），因此為了償還借入的日圓資金，市場迅速進入強烈的日圓買盤現象。像這樣「日圓利差交易出場」（Yen Carry Trade Unwind）的驅動結果，造成了日圓兌大多數外國貨幣的大幅升值。

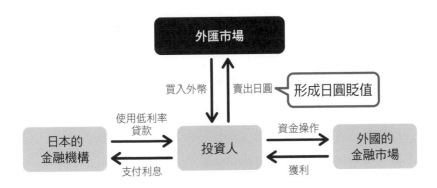

日圓利差交易的機制

外匯市場

買入外幣　賣出日圓　〔形成日圓貶值〕

使用低利率貸款

日本的
金融機構　　投資人　資金操作　外國的
金融市場

支付利息　　　　獲利

■ 利差交易出場時

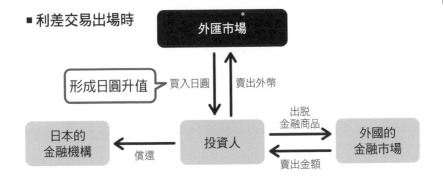

外匯市場

〔形成日圓升值〕　買入日圓　賣出外幣

日本的
金融機構　　投資人　出脫
金融商品　外國的
金融市場

償還　　　賣出金額

▲ 美股是「Risk On」或「Risk Off」的衡量基準

　　近幾年外匯市場經常會提及「Risk On」（追逐風險）和「Risk Off」（迴避風險）這兩個詞。

　　2006年左右，美國的房地產開始出現泡沫化的現象，直到2007年泡沫完全破滅。美國和歐洲的金融機構開始陷入經營困境，全球經濟急遽惡化。股市大跌，全球的機構投資人蒙受巨大損失。

像這樣的情境也常使得機構投資人的實力慢慢地減弱，變得難以承受風險。因此，除了逐漸轉向所謂的「**安全性轉移**」（**Flight to Quality**），如投資風險較小的政府公債外，同時減少一些先前大量累積的股票、外匯和原油期貨等的持有部位，將手中所持有的風險總量盡可能地減量。這種不喜歡風險、遠離風險的行為意志越來越強烈的狀態，就稱為「**Risk Off**」（迴避風險）。

此時的外匯市場可能會出現的主要操作，有以下兩種：

①退出日圓利差交易，大量買回日圓

②美國的機構投資人賣出投資於歐洲、日本和新興國家等地區的資產，並將資金匯回美國，此項操作便稱為「資金回流[1]」（**Repatriation**）。

之所以採取①和②的操作，是**因為機構投資人已經將日圓和美元定位為可以降低風險的「避險貨幣」（Safe Haven Currency）。**

另一方面，紐約道瓊工業平均指數[2]（Dow Jones Industrial Average Index）在 2017 年創下了歷史的新高價[3]，在全球股市重心的美國股市屢創新高的氛圍之下，機構投資人所投入的操作損失開始得到緩解，承擔風險的能力好像又再度獲得了新生。而這種**無謂風險、願意承擔更多風險的狀態就稱為「Risk On」**（追逐風險）。

---

1 台灣 2012 年開始的台商「鮭魚返鄉」亦是資金回流的一種。

2 道瓊工業平均指數：又稱道瓊工業指數。數值涵蓋美國 30 家著名上市公司，指數的算法並非採加權平均法，而是每個組成公司的股票價格總和後的平均值。

3 本書作者的完稿日期約為 2017 年 12 月，之後的道瓊工業指數仍然續創新高。

總結以上的內容，我們可以將金融市場歸納為以下兩種模式：

①**當美國股價上漲時市場形成「Risk On」模式**（此時的市場呈現：股市上漲、債市下跌、外匯市場的日圓和美元均趨向貶值）

機構投資人承擔風險的能力增加→賣出日圓和美元，買入高利率貨幣（使得日圓和美元貶值）

②**當美國股價下跌時市場形成「Risk Off」模式**（此時的市場將呈現：股市下跌、債市上漲、外匯市場的日圓和美元均趨向升值）

機構投資人承擔風險的能力減少→買入日圓和美元，賣出高利率貨幣（使得日圓和美元升值）

由以上模式來看，當「Risk Off」的狀態下，日圓和美元均呈現升值趨勢，那麼，日圓兌美元匯率，究竟何者為強呢？根據筆者的觀察，以2017年的景象分析，當兩邊實力相當呈現拔河、拉鋸的箱型整理之後，最終得勝的會是日圓。這是因為日銀大量地購買日本公債使得日本的債券市場相對穩定，以及日本相對穩定的政局也是主因。

近幾年，外匯市場的熱門議題又再次回到「**各國貨幣政策的走向**」的話題上。簡單地說，就是貨幣政策的「向量」（Vector）。就如之前我們解釋過的，市場對利率的升息或是降息的預期對匯率都會產生一定的影響作用。但是，自2000年代後半的金融危機之後，歐美許多先進國家央行競相採行的量化寬鬆政策已經超越了利率的影響力。以至於「縮減量化寬鬆」成為買進該國貨幣的利多，而「擴大量化寬鬆」則是該國貨幣的利空消息。

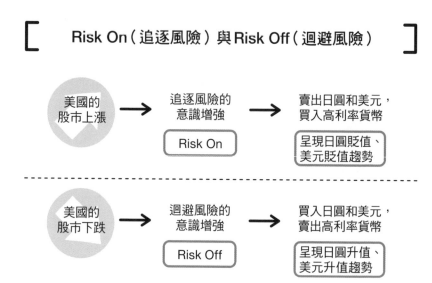

Risk On（追逐風險）與 Risk Off（迴避風險）

| 美國的股市上漲 | → | 追逐風險的意識增強 Risk On | → | 賣出日圓和美元，買入高利率貨幣 呈現日圓貶值、美元貶值趨勢 |

| 美國的股市下跌 | → | 迴避風險的意識增強 Risk Off | → | 買入日圓和美元，賣出高利率貨幣 呈現日圓升值、美元升值趨勢 |

　　日本央行也是一直以「物價的穩定目標」2%的通貨膨脹率為挑戰的目標，實務上也是採取無窮無盡的貨幣寬鬆政策，將貨幣政策的向量鐵板釘在寬鬆的方向。因此，今後美國、歐元區等外國央行所將採行的貨幣政策走向，對於匯率的影響還是非常的重要。

7.3

美國總統大選年的美元是否較易升值？

觀察一下有效匯率指數，幾乎大選年都會出現美元升值的情況。但是，近年已經很少有人認為總統選舉對於美元匯率會產生決定性的影響。

▲ 不適用於美元兌日圓匯率

很多人會說，「四年一次的 **11** 月份美國總統大選的這一年美元都會升值」。說出這樣的言論，通常都是根據以下 2 點理由：

①總統大選年，執政黨的總統希望向國民展現一個強大美國的形象，因此美元比較容易升值。

②大選之前，執政黨的總統可能會有目的的釋出一些經濟振興政策，促使經濟成長率的提升，此時的美元也較易受到青睞而升值。

以上的推論，通常都是基於將國家的貨幣價值視為國力象徵的論點。但是，我們能不能確定這樣的說法一定是正確呢？如果答案為真，那麼美國總統大選年的年初應該就是存入美元存款的最佳時機。

以下，我們就來看看從1976年到2016年的美國總統大選年的美元兌日圓匯率的實際狀況。

以大選年當年的1月份的第一個交易日開盤價（早上9點的匯率）和12月份的最後一個交易日收盤價（下午17點的匯率）的走勢來看，其中該年度呈現日圓貶值、美元升值的年份有6次，分別為：1984年、1988年、1992年、1996年、2000年、2012年，而呈現日圓升值、美元貶值的有5次，分別為：1976年、1980年、2004年、2008年、2016年。所以，很明顯地，大選年美元傾向升值的說法並不存在。

▲ 以美元的有效匯率指數來看，美元升值的年份確實占大多數

然而，若是觀察可顯示美元對各國貨幣強弱的「有效匯率指數」，很令人訝異的是完全呈現不同的結果（有效匯率指數→6.5節）。

美國聯準會（Federal Reserve System，簡稱Fed）網站所公布的美元對主要貨幣的名目有效匯率指數顯示，美元升值的年份有：1976年、1980年、1984年、1988年、1992年、1996年、2000年、2008年、2012年和2016年，共計10次。而美元貶值的年份則只有2004年一次（參見下圖）。

由此可見，所謂的升值如果不看美元兌日圓匯率，而是看有效匯率指數的話，「美國總統大選年的美元呈現升值趨勢」的說法，就可說是非常符合事實。

美國總統大選年的美元匯率

美國總統大選年	當選的總統	美元的名目有效匯率指數
1976	卡特	美元升值
1980	雷根	美元升值
1984	雷根	美元升值
1988	老布希	美元升值
1992	柯林頓	美元升值
1996	柯林頓	美元升值
2000	小布希	美元升值
2004	小布希	美元貶值
2008	歐巴馬	美元升值
2012	歐巴馬	美元升值
2016	川普	美元升值

▲ 近幾年已不再有人討論這樣的議題

　　經歷了金融危機之後的這幾年，市場上已經很少聽到「美國總統大選年的美元呈現升值趨勢」這樣的觀點，筆者也深感已經很少有投資人會基於這樣的想法來建立手中的資金部位了。

　　原因在於，我們從美國總統川普傾向的保護主義政策就不難看出，強勢美元除了會使美國的出口競爭條件更為惡化，同時也會因為強勢美元使得美元的購買力增加、進口增加，這對美國的製造業非常不利。

　　換言之，過去的美國政府將受到美國民眾支持的強勢美元，視為國力的象徵，但在經歷金融危機後的近幾年，美國民眾更關注的是

美元走強對美國經濟的不利影響。更準確地說，在經濟政策陷入僵局和策略耗盡的情況下，不僅是美國，歐元區和日本也都默許自己國家的貨幣趨向貶值。

如前面所說明，小布希（George W. Bush）總統再度當選連任的2004年，美元也並未走強，而是呈現貶值的狀況。此外，2008年民主黨的候選人歐巴馬（Barack Obama）擊敗了共和黨候選人麥肯（John McCain）時，美元確實呈現走強趨勢，但這並非出於本節一開始所解釋的原因，當時美元升值的主要原因是由於投資人迴避風險的意願增強，所引發的「資金回流」現象。

最終，投資人考慮投資美元資產時，在參考經驗法則的同時，還必須仔細觀察市場的熱門議題和實際的市場狀況。

7.4

美元崩盤的說法是否可信？

即使關鍵貨幣美元的信賴度下降，但全球目前並沒有可以取代美元的其他貨幣，因此資金最終還是只能流向美元。

▲ 探究美元崩盤說的根據

筆者記得以前在許多經濟相關書籍的標題中，偶爾會看到類似「美元崩盤」（**Dollar Collapse**）這樣的字眼，最近好像比較少見了。日本人似乎一直對「美元崩盤說」抱持很大興趣。儘管這個說法非常的極端，但「崩盤」這個詞的確很容易給人留下深刻的印象。

所謂美元崩盤說的根據，似乎可以歸納為以下幾點：

①美國的財政赤字不斷擴大，最終對美國的信賴度會越來越薄弱，美元就會崩盤。

②不動產所形成的巨大泡沫，最終導致破滅，而破滅之後卻無法提出有效的經濟政策，美國經濟必將步上日本的後塵，陷入長期的不景氣，美元終將走向崩盤。

面對這樣極端的說法，因而盲目地相信美元終將崩盤，真的是非常不明智。面對這樣的市場傳言，重要的是，應該抱持合理的懷疑態度，想想如果美元真的崩盤之後會產生的可能後果，再來判斷傳言是否可能成真，這才是正確的態度。

那麼首先，我們應該先釐清什麼樣的狀況才算是「崩盤」。事實上過去也曾發生過多次，因為各種的市場投資事件，導致美元匯率大幅下跌的情況，但這些都不能稱之為「崩盤」。

例如，1995年日圓的大幅升值現象，當時的美元兌日圓匯率曾一度跌到1美元＝79.75日圓的價位。以及2008年秋天「雷曼兄弟破產」（→7.8節）事件所引發的信用風險上升的情況下，美元都曾在短短兩天之內重貶了將近10日圓。

但是，這些情況在專家的眼中都不能定義為美元崩盤。尤其是後者，因為當時投資人的投資取向正處於**規避風險的「Risk Off」模式**，所以並沒有因此造成實際上的「美元貶值」，而是呈現美元對歐元等其他主要貨幣的升值，形成了「日圓升值」和「美元升值」的局勢。

再者，即使一時之間造成了美元匯率的大幅貶值，仍有可能在數天之內就會出現抄底的買盤（價格急速下跌時，常被投資人視為買入的機會），使美元快速反彈。對於「美元崩盤」一說，到底指的是什麼情況，思考得越多就越感茫然不解。

▲ 資金從美元撤出之後無處可去

儘管是否會發生崩盤的說法還有待商榷，但是我們可以先假設，如果美元的信用嚴重受損，與主要貨幣之間的匯率呈現大幅的美元貶值，且遲遲沒有反彈（升值）的跡象。

如前所述，我們可以再想想之後的情景，此時**如果賣出美元，之後的「資金該往哪裡去」**。

若是大量賣出美元，則之後必然要有其他的貨幣成為美元主要的接棒者而被買入。

但是，此時被稱為第二關鍵貨幣的歐元，在面臨希臘等國的財政危機時，從歐盟各國的政策執行不力以及政治經濟體系的脆弱性來看，實在還不具備成為資金接棒者的資格。

還有，假設此時歐元的匯率大幅飆升，貨幣升值將會導致出口變得困難，對於高度仰賴出口的歐盟核心國家德國等國家而言，經濟可能因此遭受重大的損害。如果是這樣的結果，歐元最終還是會被拋售。

那麼，日圓又如何呢？從短期來看，如前面的章節所述，日圓基本上已經被定位為「避險貨幣」的功能。但是，相對於美國來說，日本並沒有足夠的力量可以取代美元。日本長久以來在人口減少和高齡少子化的影響之下，造成國內長期的需求減少，面臨景氣難以脫困的狀態。從長遠的角度來看，實在還無法成為全球資金的接棒者。

再者，與美國相比，日本各種金融市場的規模太小。再加上，高

度仰賴出口和海外收入的日本經濟，如果美元兌日圓匯率來到1美元＝50日圓的話，恐怕將是日本無法承受之重。

另外，如果是瑞士法郎或是黃金的話，市場規模太小還是最大的問題。

中國的人民幣，則是還尚未完全轉為浮動匯率制，且存在太多的投資限制。

綜合上述分析，我們可以發現，即使資金試圖從美元大量撤離，實際上並沒有可去之處。因此，對「美元崩盤說」還是保持一點距離，才是明智的選擇。

7.5

市場干預的影響力有限

龐大的外匯市場，貨幣當局的進場干預其實是一個相當困難的決定。因為即使可以暫時影響匯率，卻難以實現所期望的長期匯率。

▲ 重複干預會使得效果遞減

正如5.3節所說明，貨幣當局（如政府或中央銀行）的「市場干預」是國家重要的匯率政策工具之一，一旦執行，勢必將對匯率產生一定程度的影響。但是，現實的情況卻是很少能夠持續大幅地操控匯率的波動。

原因是，全球的外匯市場交易規模實在過於龐大，常規性的市場干預所能產生的影響只能說是「滄海之一粟」。

通常觸及實際交易的市場干預（也稱為「實彈干預」〔Actual Intervention〕），其目的可歸納為以下兩種：

①平滑操作（Smoothing Operation）

②將匯率控制在特定水準為目的的市場干預（所謂的「目標水準干預」）

①的平滑操作，通常是在市場出現匯率單一方向的劇烈上下波動時，為了穩定市場參與者的不安情緒等情況所做的市場干預，目的在平息匯率的劇烈波動。

曾經有位擔任財務部門官員的高層（負責處理匯率和國際問題的財務部次長級別的官員）就曾解釋平滑操作的效果，該官員表示：「當市場有如醉漢，此時將冷水往頭上一澆，即可立刻使其清醒。」

但是，這種驚喜的效果通常只限於第1次有效。再來第2次、第3次重複操作的話，市場會因此習慣於這樣的步驟，效果自然不彰。

有一次，G7共同聲明中曾經提到：

「匯率的過度調整和無秩序的改變，對於經濟和金融的穩定會產生負面的影響」（2009年4月的華盛頓G7）。這樣的聲明其實就是明文表達出了市場干預的條件（一種紳士協定）。根據這樣的共同聲明，希望市場實際操作時切勿過度激烈干預，也就是所謂的平滑操作。

▲ 人為的市場干預，效果不可能長久

另外，讓匯率控制在特定水準的②「目標水準干預」又是如何呢？

像是採用有管理的浮動匯率制的中國（→ 4.5節）上海外匯市場，當市場的參與者人數非常有限時，這樣的干預效果會非常明顯。但是，如果是一般的市場，可能就需要大規模的「飽和攻擊」（Saturation Attack），否則想要維持期望的匯率並不是那麼容易。

在日本就曾經實施過大規模干預的「飽和攻擊」。事情發生於

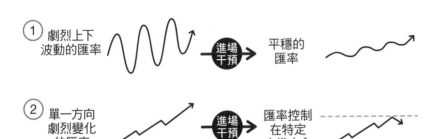

市場干預的2個目的

① 劇烈上下波動的匯率 → 進場干預 → 平穩的匯率

② 單一方向劇烈變化的匯率 → 進場干預 → 匯率控制在特定水準之內

2003年1月至2004年3月，當時的財務官[4]溝口善兵衛（2017時任島根縣知事）為了阻止升值不止的日圓，總共發動了35兆2,564億日圓的巨款，進行賣出日圓、買入美元和賣出日圓、買入歐元的市場干預。當時最大的擔憂是不斷升值的日圓可能使得日本的出口企業營收惡化進而導致經濟惡化，所以才決定不顧一切堅持拋售日圓。

　日本的國家預算，在2003年度最初編列的預算為81兆7,891億日圓，因此這次市場干預所動用的日圓（以外匯資金特別會計預算執行）總共占了40%以上的國家總預算金額。對於這種有意識地維持特定匯率水準的市場干預，一旦開始進場執行往往難以停止，所以耗費的資金往往非常的龐大。

　但是，外匯市場中，這種人為干預的匯率其實很難持續太久。或

---

4 財務官：相當於台灣財政部副部長。

許可能是日本過於強硬的外匯政策受到歐美國家的多方批判,所以2003年9月的杜拜(Dubai)G7之後,日本財務當局的干預態度逐漸減弱,美元兌日圓匯率開始呈現日圓升值、美元貶值的大幅波動。之後直到2000年代中期,日圓利差交易(→7.2節)的擴大,才導致日圓的持續貶值。然而,2007年之後的美國不動產泡沫破滅和全球的金融海嘯,日圓利差交易的泡沫狀態破滅,加速了日圓資金的買回還款,才又出現大幅的日圓升值。

以上的情節已經足以證明,市場的動能即使能被人為的干預所壓制,也無法長久,而且隨後爆發的反彈力道可能更強勁。

7.6

外匯應買在謠傳四起時，賣在事實揭曉時

對於投資市場而言，投資人通常會在重要的市場訊息公布之前進場布局。如果實際結果與預測不符，市場通常就會產生大幅波動。

▲ 預測出現時就買進，獲利機會較高

「買在謠傳四起時，賣在事實揭曉時」（Buy on the rumor, sell on the fact.）。這是外匯市場相當有名的一句格言。

是什麼意思呢？就是如果想在外匯市場取得獲利，就要「**在謠傳或預測傳出來的時候就買進，而在事實發布時賣出，才是明智之舉**」。

投資市場本來就是一個快節奏的世界，往往事實公布時，許多人早已買進布局完成，而且價格往往也因此上漲。所以在傳聞或媒體預測傳出時就買進，應該是比較明智之舉。

例如，美國就業人數統計這類重要的經濟指數（→3.9節）發布之前，銀行、證券公司等研究機構都會事先發布預測的可能數據，而新聞媒體也會加以彙總整理並將預測資訊公布於市場的預測中

何謂買在謠傳四起時，賣在事實揭曉時？

| 以美元匯率為例 |

| 本週末將公布美國就業人數報告 |

↓

| 根據就業人數統計的預測
彙整成「市場訊息」 |

↓

| 於是該市場訊息反映於匯率，
根據市場訊息逐漸形成了市場匯率 |

↓

| 美國就業人數報告公布 |

符合預期　　　　　　　　　　與預期相差甚大

↓　　　　　　　　　　　　　　↓

- 市場反應鈍化
- 獲利確定（獲利了結）
  市場上美元賣出熱絡

- 造成市場較大波動
- 優於預期，美元買盤持續
  進入，價格再次上揚
- 不如預期，則拋售美元，
  美元急貶

心。全球的投資人都可以根據這些訊息，作為貨幣買賣的參考。

　　如果大多數人的預測都是美國就業人數統計的結果良好，現實的

市場操作一定會有更多人在實際統計結果公布之前搶先買進美元，美元也會因此而走強。這就是所謂的「買在謠傳四起時」（此例為買進持有美元部位）。這種情況也就是所謂的**市場訊息**（此例為美國就業人數統計報告）早已「反映在價格之中」或是「利多出盡」。

因此，如果實際公布的結果與市場預期相去不遠，甚至稍有勝出時，美元也不太可能因此再有更進一步的上揚，反而此時已經獲利的投資人會更傾向於出售手中所持有的部位，以確保獲利的實現。這也就是所謂的「賣在事實揭曉時」（出售持有的美元以確保獲利）。

還有，這句格言為何不是「賣在謠傳四起時（預先賣出持有的美元部位），買在事實揭曉後（再度買回先前賣出的部位以確保獲利）」呢？這是因為一般的市場投資人布局投資部位時，通常以做多市場為主，先行「進場買入（貨幣或股票）」，等待利潤產生，為了確保獲利，再進行「獲利了結（出售先前購買的貨幣或股票，以實現獲利）」。這句格言也是因為這樣的市場常態而產生的。

▲ 結果不如預期時，恐出現失望性賣壓

如果公布的結果遠遠不如市場預測時，又會發生什麼事呢？

相信市場預測結果良好並提前買進美元的投資人，恐怕會湧現「**失望性賣壓**」（Sell on Disappointment）。此時的市場可能會出現稍微的恐慌性美元賣出，使得美元下跌幅度加大。這是因為數據公布前早已建立的美元多頭部位，必須盡早確定損失（「止損」），所以才會引發美元賣壓，加速了美元的下跌趨勢。

這樣的外匯市場幾乎每天都有各種不同的因素交錯，進而造成匯率的波動。如果有一天當您觀察外匯市場的波動並能看出「市場訊息已經完全反映在價格之中」時，或許可以說您已經是一個合格的投資人了。

7.7

演算法交易是什麼？為何對外匯市場的影響與日俱增？

AI人工智慧在資金運用上的存在感已經逐漸展現。所謂的演算法交易，指的是使用電腦程式的買賣交易，已成為擾亂股價和匯率波動的一個重要因素。

▲ 演算法交易不斷刷新於金融市場的存在感

您是否聽過「演算法交易」（Algorithmic Trading）？不知是否有人會聯想到NHK・E電視的兒童節目「PythagoraSwitch」（日文：ピタゴラスイッチ），節目中兩個像機械般的人一起跳著看似愉快的「演算法體操」。

所謂的演算法，是指為了解決某個問題或課題所設計的計算步驟或處理步驟。在金融市場中，也有人將這樣的程式設計用於股匯市的自動下單，也就是當某個特定條件滿足時，電腦就會自動下單進場買賣。

演算法交易有好幾種類型，其中包括類似利用市場的些微價差迅速下單並從中獲利（套利交易）的交易，以及從螢幕所顯示的即時訊息和擷取新聞的關鍵字，進行市場分析後再交由程式自動下單的

交易等等。

近年來像這樣的演算法交易，不時會造成市場的混亂。典型的例子有發生在2010年5月6日美國股市瞬間暴跌的「閃崩」（Flash Crash）事件，閃崩現象就是由演算法交易中的「高頻交易」（High-Frequency Trading，HFT）所引起。在短短幾分鐘之內，紐約道瓊工業指數就下跌了將近1,000點。肇事的原因，據說就是非人為操作的HFT交易所致。這樣的程式交易完全不需人為的判斷，只要符合預先設定的條件，即使是市場尚處於不明的暴跌狀態，電腦也會毫不猶豫地啟動大量的賣方訂單，將市場推向更深的下跌趨勢。

外匯市場也曾發生過稱為「英鎊閃崩」（Sterling Flash Crash）的英鎊暴跌事件。時間發生在2016年10月7日的日本上午盤，是一個交易量較低的時段。當時筆者也在辦公室看著電腦螢幕，突然英鎊兌美元匯率在沒有任何特別重要新聞的情況下暴跌了6.1%，創下31年來的最低匯率價格。隨後，市場馬上又出現了快速的英鎊買盤行情，造成極大的波動。有人指出，這次的事件很可能也是與「演算法交易」的程式從新聞中捕捉到的關鍵字有關。

近來，AI與人類的圍棋、將棋比賽，人類幾乎都無法戰勝AI。根據一所英國大學的研究論文指出，由於AI人工智慧的不斷進步，許多人類的工作正面臨逐漸消失的風險。

在外匯等金融市場的領域，透過不具有人類情感的程式買賣下單，造成巨大的價格波動現象，今後恐怕只會越來愈多吧。

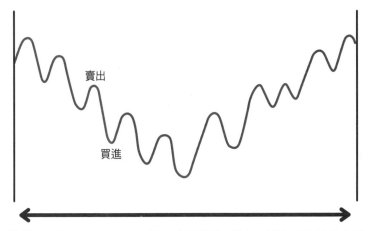

高頻交易（HFT）的概念圖

賣出

買進

僅僅一秒鐘的時間內，即可進行人類絕不可能達到的極多次數的交易

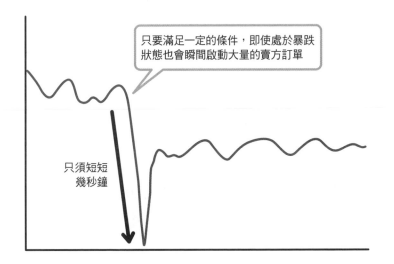

因HFT所引發的閃崩現象

只要滿足一定的條件，即使處於暴跌
狀態也會瞬間啟動大量的賣方訂單

只須短短
幾秒鐘

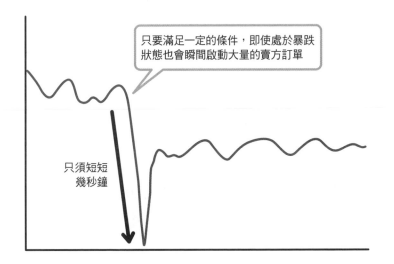

7

外匯市場的波動法則及解讀與思考方式

觀察美國的期貨市場可知投機資金的動向

美國芝加哥商品交易所（CME）的統計數據是美國投機資金對當前市場所抱持觀點的重要線索。但是近年來，對沖基金的影響力已經有所減弱了。

▲ 期貨交易所的未平倉部位是解讀市場走向的關鍵

　　以對沖基金為代表的歐美等國的投機資金（→4.4節），到底對市場趨勢的看法為何？如果想要掌握這方面的關鍵資訊，可以從這些資金在美國的期貨交易所所持有的「部位」（**Position**）統計一窺究竟。

　　首先，所謂的「**期貨交易**」（**Futures Trading**）是指針對在交易所上市的定型化金融商品的買賣交易，是衍生性金融商品的一種。而所謂的「部位」則是指在期貨交易中已約定的買進或賣出合約（已成交的買賣），但尚未結算的交易單位數量。

　　透過觀察美國的期貨交易所的未平倉部位中買進（多單）和賣出（空單）的比例，我們就可以了解投機資金對於市場未來的看法和趨勢。

觀察美國期貨市場，解讀投機資金動向

投機資金（對沖基金）的市場觀點

查看美國商品期貨交易委員會（CFTC）
所公布的「期貨・非商業交易的未平倉部位」

例如……

芝加哥商品交易所（CME）的
日圓貨幣期貨（非商業交易）

多單　4萬642口　＜　空單　9萬7,939口

日圓的空單未平倉部位較多　（2017年9月12日）

投機資金預測今後的日圓將呈現日圓貶值趨勢

　　美國的商品期貨交易委員會（Commodity Futures Trading Commission，CFTC）每週五會在該委員會的網站公布該週週二各交易所和所有上市商品的未平倉部位。可以查看每個上市商品的商業交易（商業基礎上的交易）和非商業交易（投機資金的交易）的持有部位狀況。

例如，我們以2017年9月15日所公布的9月12日原油期貨的非商業交易未平倉部位為例來看。

　　西德州中級原油（West Texas Intermediate，WTI）的原油期貨是在紐約商業交易所（New York Mercantile Exchange，NYMEX）上市的原油期貨，是全球原油交易的指標商品。2017年9月12日的未平倉部位如下：多單口數：66萬2,650口[5]（一口〔Lot〕= 1,000桶原油）；空單口數：28萬8,170口。淨多單為37萬4,480口。當時是呈現「淨多單」（Net Long Position）的狀態，也就是買進（多單）口數大於賣出（空單）口數。

　　所以，由以上的未平倉部位便可看出，當時的投機資金認為「短期之內原油價格將會上漲」。

▲ 貨幣期貨的部位也可用來分析匯率走勢

　　美國的芝加哥商品交易所（CME），除了一般的日圓、歐元、加拿大幣、英鎊、瑞士法郎和澳幣等貨幣兌美元匯率的現貨交易之外，還有匯率的期貨交易。

　　例如，同樣以2017年9月12日日圓期貨的非商業交易未平倉部位來看，當時的多單口數：4萬642口（一口 = 1,250萬日圓）；空單口數：9萬7,939口。空單大於多單。所以由以上的未平倉部位來看，就可清楚看出投機資金「普遍預測日圓匯率將呈現日圓貶值、美元升值的趨勢」。

---

5 口（英語：Lot）：期貨的專有名詞。是計算期貨合約的單位，一「口」等於一份期貨合約。

芝加哥期貨市場關注度下降的原因

2008年9月　雷曼兄弟破產

對沖基金等的投機資金遭受巨大損失，
資產總額銳減

芝加哥期貨市場，匯率期貨的持有部位
呈現單向的傾斜現象越來越少

相較於以前，芝加哥期貨市場的關注度降低

今後……

如果美國股價上升且
投機資金能夠承擔風險時

芝加哥期貨市場的關注度將再次提升

　　再說2008年9月，美國大型投資銀行雷曼兄弟（Lehman Brothers）
毫無預警地宣告破產，進而引發了一場名為「雷曼震撼」（Lehman

Shock）的金融事件[6]，更加速了「Risk Off」（迴避風險）的恐慌情緒，果不其然導致了全球股市的大崩盤。

在這場前所未有的市場恐慌情勢之下，許多對沖基金（→5.4節）遭受了巨大的損失。隨著期貨解約，大量資金撤離了期貨市場，造成資產規模減少，對沖基金也不再像以往那樣具有顯著的影響力。

芝加哥的期貨市場也是面臨相同的狀況，匯率期貨部位也不再像從前一樣，呈現單向傾斜的現象越來越少，也有人說，該市場的關注度已經逐漸下降了。

但是，正如我們在7.2節所說的，如果美國股市上漲了，投機資金就會願意承擔風險，投資行為也會變得較為活躍。在這種情況之下，美國期貨交易所投機資金的未平倉部位將再度扮演解讀市場趨勢的重要角色。

此外，參考數據時需要特別注意的是，所公布未平倉部位的數字是公布日的3天前的數字。而市場的投機資金對於資金的布局一向迅速，這3天很難說不會發生很大的變化。

---

6 雷曼震撼：又稱為2008年金融海嘯或是金融危機，造成美國股市最大跌幅56%，之後進入了史上最長牛市。其他國家也不能倖免，主要國家股市幾乎腰斬，其中跌幅最大的是俄羅斯，因為受到國際油價下跌及金融海嘯雙重打擊，股市跌幅超過70%。日本跌幅最大達：51.16%，台灣跌：57%。

7.9

庶民的感覺有時會勝過市場專家的預測

一般人的預測通常是源於自己的日常生活感覺，即使與專業人士的預測相反，但有時反而能命中。這是因為市場專家有時也會陷入市場預測的迷失。

▲ 一般人的判斷勝過專家的例子

如果讀者您是長期觀察金融市場的人，想必會經常碰到一般人的判斷結果反而比市場專家還準確的情況。其中就有一個例子令人印象深刻，就是發生在1990年10月底的「大Wide亂」事件。當時日銀的總裁三重野康（日語：みえのやすし，Yasushi Mieno）為了抑制景氣的泡沫化（也稱為「破壞泡沫」），一味地提高政策利率。當時的金融專家也是普遍傾向政策利率應該還會繼續調升的看法。

在這樣的金融環境影響之下，銀行於是發行了名為「Wide」的附息金融債，債券的利率高達9.6%，結果當時求購的人潮在銀行外面排起了長長的人龍。

一般庶民的直覺判斷是，「這樣的利率應該已經是頂點了，現在再不買，以後肯定不會再有這麼好的機會」。

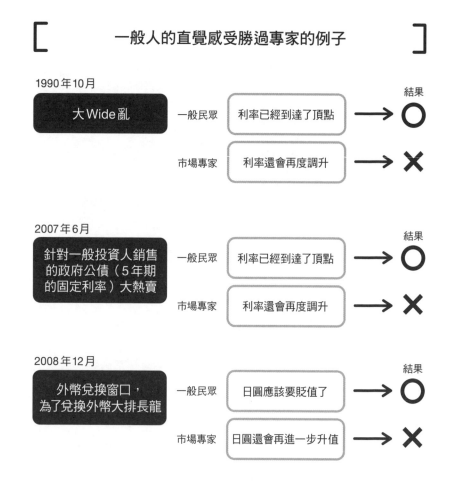

一般人的直覺感受勝過專家的例子

1990 年 10 月

大 Wide 亂

		結果
一般民眾	利率已經到達了頂點	➝ ○
市場專家	利率還會再度調升	➝ ✕

2007 年 6 月

針對一般投資人銷售的政府公債（5 年期的固定利率）大熱賣

		結果
一般民眾	利率已經到達了頂點	➝ ○
市場專家	利率還會再度調升	➝ ✕

2008 年 12 月

外幣兌換窗口，為了兌換外幣大排長龍

		結果
一般民眾	日圓應該要貶值了	➝ ○
市場專家	日圓還會再進一步升值	➝ ✕

因此「Wide」的金融債成了民眾爭相搶購的標的。最後謎底揭曉，令專家跌破眼鏡的事實果真如民眾所預測的一樣。

還有，近幾年來，針對一般投資人銷售的政府公債（5 年期的固定利率）利率於 2007 年 6 月上升至 1.50% 時，也出現了大大超乎預期的銷售盛況。

因為同年的 2 月，日銀曾經再度調升了當時的利率，市場專家於

是普遍預期利率還會再往上調升，殊不知當年的夏天才開始，日本公債的長天期殖利率便迅速下跌。再度證明了一般人的直覺判斷還是比較準確。

日本的外匯市場也曾有過類似的案例發生。

2008年12月，日本大型商業銀行的外幣兌換窗口，在晚上7點關閉之前，突然出現排隊購買旅行支票（Traveler's Cheque，TC）和外幣現金的人潮。

此時，民眾再次憑藉著直覺判斷「日圓匯率可能已達到頂點了，應該趕快換外幣屯貨」。

因為同年12月17日，美元兌日圓匯率一度到達了1美元＝87.13日圓的歷史紀錄。市場專家的觀點也是一面倒地認為因為日圓利差交易（→7.2節中段）的出場，一定會再次促使日圓的進一步升值。

但是，結果如何呢？事實是，隔年的2009年1月雖然匯率曾一度觸及87.10日圓，但預期的日圓再進一步升值則是發生在2009年11月的很久之後了。這件事同樣也顯示出一般人的市場感受力。

▲ 市場專家預測失準的原因

身為專家，為什麼還會預測失準呢？其中一個原因是，市場專家因為掌握了太多的資訊，導致對市場的看法不確定，於是陷入一種「多才無用」的狀態。

另一方面，他們也可能是過度專注於特定的資訊，導致視野變得狹隘。

■ **市場專家容易陷入的失誤原因**

資訊過多　　視野狹隘

可能導致錯誤的市場預測

■ **一般民眾的優勢點**

保持些微的
距離、冷靜看待　　　沒有財報、
　　　　　　　　　沒有時事評論

沒有「停損機制」
（當損失到達一定的程度時，強制認賠出場）

能以更冷靜、更長遠的立場看待交易

　　相對地，一般民眾並不是整天都與市場接觸，因此他們與市場之間可以保持一些距離，冷靜地觀察環境情勢的變化。由於這並不是一般民眾的工作，即使買入的美元造成虧損，他們也可以輕鬆地說

「沒關係呀，下次出國旅行可以使用」。

經濟新聞和金融雜誌也會經常刊登市場專家們對「今後的匯率預測」的評論，但即使是專業人士，也很難百分之百準確。AI人工智慧也不能。所以，當有心投資外幣存款等資金運用時，有時候相信自己的直覺判斷可能會更好。

日常生活所產生的一般人的生活直覺，有時也不該忽視。筆者我雖然也是市場專業人士的一員，也希望自己可以好好重視這樣的生活感受。

專有名詞英、日、中對照表

英	日	中
A		
Abenomics Rate	アベノミクス相場	安倍經濟學匯率
Absolute Return	絶対リターン	絕對的投報率
Actual Demand	実需筋	實際需求型
Actual Intervention	実弾介入	實彈干預
Algorithmic Trading	アルゴリズム取引	演算法交易
Asian Financial Crisis	アジア通貨危機	亞洲金融危機
Australian Dollar（AUD）	オーストラリアドル	澳幣
B		
Bank of England（BOE）	イングランド銀行（BOE）	英格蘭銀行（BOE）
Bank of Japan（BOJ）	日本銀行（日銀）	日本銀行（日銀）
Bank for International Settlements（BIS）	BIS	國際清算銀行
Bid Rate; Buying Rate	ビッド・レート	買入匯率
Big Mac	ビッグマック	大麥克漢堡
Bitcoin	ビットコイン	比特幣（BTC）
Blockchain	ブロックチェーン	區塊鏈
Bretton Woods System	ブレトン・ウッズ体制	布列敦森林體系

英	日	中
Brexit	ブレグジット	英國脫歐
Broker Dealing	ブローカー取引	經紀商交易
Budget Deficit	財政赤字	財政赤字
Business Confidence Index	景況感指数	企業信心指數
Business Cycle	景気循環	景氣循環
Buy on the Rumor, Sell on the Fact	うわさで買って、事実で売る	買在謠傳四起時，賣在事實揭曉時

C

Canadian Dollar（CAD）	カナダドル	加拿大幣
Capital Transaction	資本取引	資本交易
Carry Trade	キャリートレード；キャリー取引	利差交易；套利交易
Central Bank	中央銀行	中央銀行
Chicago Mercantile Exchange (CME)	シカゴ・マーカンタイル取引所	芝加哥商品交易所
City of London	シティ・オブ・ロンドン	倫敦金融城
Close Rate	終値	收盤匯率
Commodity Futures Trading Commission （CFTC）	米国商品先物取引委員会	美國商品期貨交易委員會
Commodity Currency；Commodity Money	コモディティ通貨	商品貨幣
Consumer Price Index（CPI）	消費者物価指数	消費者物價指數（CPI）
Coordinated Intervention	協調介入	協調干預
Credit Line	信用供与枠；取引限度額	信用額度

英	日	中
Cross Rates	クロスレート	交叉匯率
Currency Basket	通貨バスケット	一籃子貨幣
Currency of Settlement	決済通貨	結算貨幣
Currency Speculation	資本筋	外匯投機型
Current Employment Statistics	雇用統計	就業人數統計
Customer Exchange Rate	顧客向け為替レート	顧客匯率

D

英	日	中
Deflation	デフレ；デフレーション	通貨緊縮；通縮
Diffusion Index（DI）	業況判断指数（DI）	擴散指數（DI）
Direct Dealing（DD）	ダイレクト・ディーリング	直接交易
Direct Investment	直接投資	直接投資
Dollar Buying For Safe Haven	有事のドル買い	有事買美元
Dollar Collapse	ドル暴落	美元崩盤
Dollar-Pegged System	ドルペッグ制	美元掛鉤的固定匯率制
Domestic and Foreign Interest Rate Differentials	内外金利差	內外利率差異
Domestic Exchange	内国為替	國內匯兌／兌付
Dow Jones Industrial Average Index	ニューヨークダウ工業株	道瓊工業平均指數

E

英	日	中
Economic Indicators	経済指標	經濟指標
Effective Exchange Rate（EER）	実効為替レート	有效匯率指數

英	日	中
Euro	ユーロ	歐元
European Central Bank（ECB）	欧州中央銀行（ECB）	歐洲中央銀行（ECB）
European Economic and Monetary Union（EMU）	経済通貨同盟（EMU）	歐洲經濟及貨幣聯盟（EMU）
European Exchange Rate Mechanism（ERM）	欧州為替相場メカニズム	歐洲匯率體系
European Union（EU）	欧州連合（EU）	歐洲聯盟；歐盟（EU）
Exchange Fee	為替手数料	匯兌手續費
Exchange Gain	為替差益	匯差收益
Exchange Loss	為替差損	匯差損失
Exchange Rate	為替レート	匯率

F

英	日	中
Federal Reserve Board（Fed）	米連邦準備制度理事会（FRB）	美國聯邦準備理事會（Fed）
Firm Rate	ファーム・レート	確定匯率
Fixed Exchange Rates	固定相場制	固定匯率制
Flash Crash	瞬間暴落；フラッシュクラッシュ	閃崩
Flexible Credit Line（FCL）	フレキジブル・クレジット・ライン	彈性信用額度
Flight to Quality	質への逃避	安全性轉移
Floating Exchange Rates	変動相場制	浮動匯率制
Foreign Currency Deposit	外貨預金	外幣存款
Foreign Currency Reserves	外貨準備	外匯存底；外匯儲備
Foreign Exchange Broker	外国為替ブローカー	外匯經紀商

英	日	中
Foreign Exchange Dealer	為替ディーラー	外匯交易員
Foreign Exchange Fund Bill	外国為替資金証券（為券）	外匯資金票券
Foreign Exchange Funds Special Account	外国為替資金特別会計	外匯資金特別會計（帳戶）
Foreign Exchange Margin Trading（Forex）	外国為替証拠金取引（FX）	外匯保證金交易
Foreign Exchange Market	外国為替市場	外匯市場
Foreign Exchange Rate	外国為替相場	國外匯兌匯率
Foreign Exchange Transactions	外国為替取引	外匯交易
Foreign Exchange（FX）	外国為替	國外匯兌
Foreign Portfolio Investment	対外証券投資	外國證券投資
Forward Exchange Agreement（FXA）	為替予約	遠期外匯合約
Forward Rate	先物レート	遠期匯率
Fundamentals	ファンダメンタルズ	基本面
Futures Trading	先物取引	期貨交易

G

Global Asset Allocation	グローバル・アセットアロケーション（国際分散投資）	全球資產配置
Gold Buying for Safe Haven	有事の金	有事買黃金
Gross Domestic Product（GDP）	GDP（国内総生産）	國民生產毛額（GDP）

英	日	中

H

Harmonized Index of Consumer Prices（HICP）	統合ベース消費者物価指数（HICP）	消費者物價調和指數（HICP）
Hedge Fund	ヘッジファンド	對沖基金
High-Frequency Trading（HFT）	高頻度取引（HFT）	高頻交易（HFT）

I

IFO Business Climate Index	Ifo景況感指数	IFO商業景氣指數
Incentive Fee	成功報酬	績效報酬
Inflation	インフレ；インフレーション	通貨膨脹；通膨
Institute for Supply Management（ISM）	ISM（供給管理協会）	美國供應管理協會（ISM）
Institutional Investors	機関投資家	機構投資人
Inter-Bank Exchange Rate	インターバンク・レート	銀行同業匯率
Inter-Bank Market	インターバンク市場	銀行同業市場
International Monetary Fund（IMF）	国際通貨基金（IMF）	國際貨幣基金（IMF）
Inward Foreign Direct Investment (Inward FDI)	対内直接投資	對內直接投資
Inward Portfolio Investment	対内証券投資	境內證券投資
ISM Manufacturing Report on Business	ISM製造業景況感指数	ISM製造業指數

英	日	中

J

January Effect	1月効果	1月效應
Japan Post Bank	ゆうちょ銀行	郵貯銀行
J-Coin	Jコイン	J幣

K

Key Currency	基軸通貨	關鍵貨幣
Kingston System	キングストン体制	京斯敦制度

L

Lehman Shock	リーマン・ショック	雷曼震撼
Loss-Cut	ロスカット	停損

M

Managed Floating Exchange Rate System	管理変動相場制	有管理的浮動匯率制
Market Intervention	市場介入	市場干預
Mizuho Financial Group	みずほフィナンシャルグループ	瑞穗金融集團
Mutual Funds	公募形式のファンド	共同基金

N

Negotiated Transaction	相対取引	協商交易
Net Debtor Country	純債務国	淨債務國
Net Long Position	買い越し	淨多單

英	日	中
New York Mercantile Exchange（NYMEX）	ニューヨーク・マーカンタイル取引所	紐約商業交易所
Nixon Shock	ニクソン・ショック	尼克森震撼
Nominal Effective Exchange Rate（NEER）	名目実効為替レート	名目有效匯率指數
Nonfarm Payroll Employment	非農業部門雇用者数	非農就業人數

O

Offer Rate; Selling Rate; Ask Rate	オファー・レート	賣出匯率
Opening Rate	寄付	開盤匯率
Outward Foreign Direct Investment (Outward FDI)	対外直接投資	對外直接投資

P

Plaza Accord	プラザ合意	廣場協議
Policy Interest Rate	政策金利	政策利率
Portfolio Investment	間接投資	間接投資
Position	持ち高；建玉（ポジション）	持有部位；部位
Pound	ポンド	英鎊
Precautionary and Liquidity Line（PLL）	予防的流動性枠	預防性與流動性額度
Precautionary Credit Line（PCL）	予防的クレジット・ライン	預防性信用額度
Private Equity	私募形式のファンド	私募基金
Purchasing Managers' Index（PMI）	購買担当者の景況感指数（PMI）	採購經理人指數（PMI）

英	日	中

Q

Quantum Group of Funds	クォンタム・ファンド	量子基金
Quotations	気配値	報價匯率

R

Real Effective Exchange Rate（REER）	実質実効為替レート	實質有效匯率指數
Repatriation	リパトリエーション（リパトリ）	資金回流
Resource Country Currency	資源国通貨	資源型國家貨幣
Risk Off	リスクオフ	迴避風險
Risk On	リスクオン	追逐風險

S

Safe Haven Currency	逃避通貨	避險貨幣
Saturation Attack	物量作戦	飽和攻擊
Seigniorage	シニョレッジ	鑄幣稅
Sell on Disappointment	失望売り	失望性賣壓
Smithsonian Agreement	スミソニアン合意	史密松寧協定
Smoothing Operation	スムージングオペレーション	平滑操作
South African Rand（ZAR）	南アフリカランド	南非幣
Spot	スポット	現貨交易
Spot Rate	直物レート	即期匯率
Stateless Currency	無国籍通貨	無國籍貨幣

英	日	中
Sterling Crisis	ポンド危機	英鎊危機
Sterling Flash Crash	スターリング・フラッシュ・クラッシュ	英鎊閃崩
Strong Dollar Policy	強いドル政策	強勢美元政策
Surveillance	サーベイランス	監測
Swiss Franc	スイスフラン	瑞士法郎
Swiss Franc Buying for Safe Haven	有事のスイスフラン	有事買瑞士法郎
Swiss Franc Shock	スイスフランショック	瑞士法郎大震盪
Swiss National Bank（SNB）	スイス国立銀行	瑞士國家銀行

T

英	日	中
Telegraphic Transfer Buying Rate	電信買相場（TTB）	銀行買入匯率（TTB）
Telegraphic Transfer Market Rate	仲値（TTM）	中心匯率（TTM）
Telegraphic Transfer Selling Rate	電信売相場（TTS）	銀行賣出匯率（TTS）
Thai Baht（THB）	タイバーツ	泰銖
Theory of Purchasing Power Parity（PPP）	購買力平価説	購買力平價理論
Tokyo Stock Price Index（TOPIX）	東証株価指数（TOPIX）	東證股價指數（TOPIX）
Trade Balance	貿易収支	貿易餘額
Trade Deficit	貿易赤字	貿易逆差；貿易赤字
Traveler's Cheque	トラベラーズチェック（TC）	旅行支票

英	日	中
Troy Ounce（OZT）	トロイオンス	金衡盎司
Trump Rate	トランプ相場	川普匯率
Twin Deficits	双子の赤字	雙赤字

U

英	日	中
Unemployment Rate	失業率	失業率
Unilateral Intervention	単独介入	單獨干預

V

英	日	中
Vector	ベクトル	向量
Verbal Intervention	口先介入	口頭干預
Visible Trade	貿易取引	貿易交易
Volatility	ボラティリティ	波動性

W

英	日	中
West Texas Intermediate（WTI）	WTI	西德州中級原油

Y

英	日	中
Yen Carry Trade	円キャリートレード	日圓利差交易
Yen Carry Trade Unwind	円キャリートレードの解消	日圓利差交易出場
Yen Cross Rates	クロス円相場	日圓交叉匯率

Z

英	日	中
ZEW Economic Sentiment Index	ZEW 景況感指数	ZEW 經濟景氣指數

國家圖書館出版品預行編目（CIP）資料

從「匯率」看經濟：看懂股匯市與國際連動，學會
投資理財／上野泰也編著；翁碧惠譯. -- 初版.
-- 臺北市：經濟新潮社出版：英屬蓋曼群島商
家庭傳媒股份有限公司城邦分公司發行, 2024.01
面； 公分. --（經濟趨勢；75）
ISBN 978-626-7195-58-1（平裝）

1. CST：匯率 2. CST：匯率變動 3. CST：外匯
市場

563.24 112022044